U0670319

本书为浙江省哲学社会科学

冷门绝学重点资助项目（20LMJX05Z）的研究成果

道家『忘我』的心理机制及健康促进研究

毛华配 著

中国社会科学出版社

图书在版编目(CIP)数据

道家"忘我"的心理机制及健康促进研究 / 毛华配著 . —北京：中国社会科学出版社，2022.9

ISBN 978 - 7 - 5227 - 0663 - 4

Ⅰ.①道… Ⅱ.①毛… Ⅲ.①道家—研究—中国 Ⅳ.①B223.05

中国版本图书馆 CIP 数据核字(2022)第 144543 号

出 版 人	赵剑英	
责任编辑	郝玉明	
责任校对	谢 静	
责任印制	王 超	

出 版	中国社会科学出版社	
社 址	北京鼓楼西大街甲 158 号	
邮 编	100720	
网 址	http://www.csspw.cn	
发 行 部	010 - 84083685	
门 市 部	010 - 84029450	
经 销	新华书店及其他书店	

印 刷	北京明恒达印务有限公司	
装 订	廊坊市广阳区广增装订厂	
版 次	2022 年 9 月第 1 版	
印 次	2022 年 9 月第 1 次印刷	

开 本	710×1000 1/16	
印 张	13	
字 数	202 千字	
定 价	69.00 元	

凡购买中国社会科学出版社图书,如有质量问题请与本社营销中心联系调换

电话:010 - 84083683

版权所有 侵权必究

序

1979 年，美国医学博士卡巴金尝试将佛教中的正念应用于身体和心理的治疗，获得了极大的成功。从此以后，不仅在美国，甚至在全世界都掀起了一场声势浩大、影响深远的正念冥想训练运动……由此引发我们深思的是，这场波及全世界的正念冥想训练运动，不仅告诉我们的是正念冥想对于治疗身体和心理的障碍，以及减轻压力的有效性；同时，我们还惊讶地看到了另外一点：中国传统文化中这种资源非常丰富，不仅佛教，道家的资源同样应该引起重视。

卡巴金是印度裔美国人。他仅仅将佛教里面"八正道"的一个概念——正念，发挥得如此淋漓尽致。受卡巴金的影响，西方人注意到了佛教，尤其是藏传佛教以及日本佛教（他们研究的样本主要是藏传佛教和日本佛教的僧人）。然而，汉传佛教的影响也非常大，比如禅宗就有丰富的资源，但是西方人并没有注意到。至于对道家的经验与资源的忽视，更是令人觉得可惜和遗憾。

所以我们觉得，深入发掘和研究道家身心治疗的经验和资源，应该是我们今天的当务之急。华配先生正是在此背景下勇敢地挑战了这个新的领域和课题。他能够不畏艰难，执着努力，啃下这块硬骨头实属不易。在他的面前，有着比其他选题更为复杂的困难与障碍，需要他一一克服。然而，他以顽强的毅力、厚道的品格、扎实的研究精神，获得了目前的成果。

道家，尤其是庄子非常重视解决自我的问题。庄子不断地提到"坐忘""忘我"。当然，如有的学者所言，庄子最重"忘"，他文献中提及的"忘"字特别多。那么为什么要这么重视解决"我"的问题呢？因为只有解决了"我"的问题，人在精神上才能像庄子在《逍遥游》中所描述的那样，达到浑然忘我、天人合一的绝对自由的境界。

所以道家解决自我的问题，采取的是一种顺其自然的、宽松的、自由的方法，也就是"忘我"，忘掉自我。这与佛教所主张的"诸行无常""诸法无我"是不同的。因为佛教追求的是"无我"，而道家只需"忘我"。可见，道家、佛家都非常重视解决自我的问题。虽然二者解决"我"的问题的方法方式略有不同。

华配先生所挑战的道家"忘我"训练这个领域，难度是非常大的。首先，国外根本没有研究，不像关于正念冥想等的研究那样，在国外已经有了大量的科学研究。国外对道家训练的研究极少。其次，在我们国家也存在一个文化断层的问题。尤其是对年轻一代来说，道家文化已经是非常陌生的。但是道家对中国文化的影响是极其深远的。中国几千年来的文化，不可能消除道家思想的深刻影响。正因为如此，华配先生所做的研究，有承前启后的意义。对他这样一个心理学背景的青年学者来说，首先要熟悉古文，还要去了解道家的思想和文化，特别要了解道家的修炼传统。在这个意义上来说，是特别不容易的。华配先生在通读道家有关文献的同时，还要不断地拜访各地道观的道士，从温州到中国台湾，他拜访了不少道士与民间的修炼者。通过一些拜访、学习，才能更加了解道家的修炼传统。此外，更具挑战意义的是，对于这样一个本来就非常复杂深奥的领域，还要使用今天崭新的科学技术手段进行实证研究。在面临重重困难和挑战的情况下，研究能够取得今天的成果，实乃可喜可贺。

为什么从庄子开始，道家就那么重视"忘我"呢？庄子在几千年前就提到颜回进行了"坐忘"的训练。忘却自己的形体，抛弃自己的聪明，摆脱形体和智能的束缚，与大道融通为一，这就叫"坐忘"。那么，这种"坐忘"的练习，是否真的可以让人达到忘我的效果呢？"忘我"可以吗？"忘我"可能吗？"忘我"会怎么样？这是要回答的问题。华配先生通过编制问卷的方式测量了"忘我"状态。他的研究告诉我们，"忘我"这种心理的体验是完全真实存在的。他的实验比较了坐忘练习和一般的闭目养神之间的区别，发现被试在"忘我"的状态下，心率、呼吸、肌电、脑电等生理指标均发生了一些变化。自主神经活动减弱，交感神经活动减弱，副交感神经活动增强，情绪更加安定，并表现出稳定性和抗干扰性。研究的证据告诉我们，"忘我"状态下和非"忘我"状态下的生理心理是明显不一样的。因此"忘我"具有特定的生理机制，它是放松入静后的一种身心和谐的状态。

通过实验，研究还发现短期的"忘我"练习，可以使被试的外显自我中的公我意识和社交焦虑显著下降。在另一项自我实验中，研究了内隐的自我。发现单次的忘我练习和闭目养神，都能在一定程度上既降低 IAT 效应，"忘我"练习的效果更加明显。这就是说，"忘我"练习可以降低个体内隐自我的水平。所以"忘我"练习可以明显地使被试的自我监控水平降低，可以打破自我刻板化的影响。

特别有意思的是，为了进一步比较道家的坐忘和佛家的正念，他设计了包括对照组的三组被试的实验。这个实验发现，坐忘组的 Stroop 任务反应明显地变短。而且在脑电分析中，发现被试坐忘、正念两组脑后部电极都能捕捉到 N2 成分增强，P3 成分减弱的信号，对照组没有这样的情况。这说明"忘我"练习可以促进认知中不一致条件下注意监测和执行功能的优化。另外，坐忘组伴随了行为的改变，显示了去自动化的功能。也就是说道家的"忘我"和佛教的正念在去自动化方面有类似功能，但也存有不同程度的差异。

除了使用现代科学手段，通过实验揭示了"忘我"的脑神经机制之外，难能可贵的是，华配先生还进一步作了通过"忘我"训练如何促进大学生心理健康的应用研究。研究发现了忘我与正性情绪、乐观是呈现正相关的，而与症状自评、负性情绪是呈负相关的。通过对大学生进行"忘我"的训练，经"忘我"训练后的大学生心理状态变得更为积极。也就是说，这种"忘我"的训练可以明显地促进大学生的心理健康水平。

华配先生的研究给我们一个很好的启示，在学界都热衷于正念研究与实践的时候，不要忘了，除了正念以外，佛教"八正道"还有其他内容，也就是说，除了正念之外还有七种途径与方法。而且，更不能忘了还有道家的经验和资源。道家采用与佛教不同的训练方法，几千年来，同样也在影响着中国人，影响着中国文化。像道家的"忘我"练习这样的一些方法（包括意守丹田、内丹功、气功等），也是可以促进人们的身体与心理健康的。

童辉杰

于苏州静一斋

2021 年 4 月 26 日

目　　录

第一章

忘我与体道

　　道家是中国春秋战国诸子百家中最重要的思想学派之一，对中国古代哲学的发展产生重要影响。鲁迅指出"中国文化的根柢全在道教"[①]。道家哲学不仅深受国人的推崇，也深受国外学者的重视，长期致力于中国科学史研究的英国著名科学家李约瑟（Joseph Needham）曾说过，"道家对自然界的推究和洞察完全可与亚里士多德以前的希腊思想相媲美，而且成为整个中国科学的基础"[②]。足见道家思想对中国影响之深刻。道家的修身养性工夫更值得称道，它注重心性修持和身形炼养，可以促进人的身心健康。以魏晋南北朝时期的隐士为例，经对此时期的 8 部正史中静心修道的隐士进行统计，其平均年龄66.12 岁，比当时的官吏阶层的平均年龄（56.38 岁）高出 9.74岁。[③] 因此，对道家思想进行挖掘，并进行科学的研究是一件非常有意义的事情。本章主要从文献学视角梳理、阐释"忘我"与道的关系、忘我的理论以及修持的方法等，为后续的研究建立理论基础。

第一节　老庄道义溯源

　　一直以来，学者以老庄之道为正统，对各种道学的发展与评价也以合道之远近加以衡量，如南朝梁刘勰的"三品说"认为品道的次序

---

① 鲁迅：《鲁迅全集》第九卷，人民文学出版社 1958 年版，第 285 页。
② ［英］李约瑟：《中国科学技术史》第二卷，科学出版社 1990 年版，第 1 页。
③ 参见王记录《魏晋南北朝时期隐士素质分析》，《殷都学刊》2000 年第 1 期。

当为"上品老子、次述神仙，下袭张陵"；宋代马端临认为道学共有清静、炼养、服食、符箓、经典科教五说，以为道离清静越远就越失真。① 因此，道学的发展一旦偏离老庄之道就成了"旁门小术"。② 因此，本节主要从老庄道学思想来阐述道的意涵。

一　老子之道

何谓道？老子云："有物混成，先天地生，寂兮寥兮，独立而不改，周行而不殆，可以为天下母，吾不知其名，强字之曰道。"③ 可见，道是先于天地万物而存在，是"有物混成"而实存的，并且可以为天下母，足见道可生化万物，如"道生一，一生二，二生三，三生万物"④。道生万物，同时道也是万物发生、发展所依循的内在规律，如"反者道之动"⑤，"夫物芸芸，各复归其根，归根曰静，静曰复命，复命曰常"⑥。总之，万物顺道便是造化，生死各依其律，该生时生，该灭时灭，于是"知常容，容乃公，公乃全，全乃天，天乃道，道乃久，没身不殆"⑦。

道有如此造化，但在老子看来道是不可说的，《道德经》开篇即言："道可道，非常道。名可名，非常名。无，名天地之始；有，名万物之母。"说明"常道"是不能言说的，有名出自无名，而"道隐无名"⑧。故老子说，"此两者，同出而异名，同谓之玄。玄之又玄，众妙之门"⑨。道如此玄妙，开启宇宙之门而造万物，但它却不能言示，难怪后人重提老学时被称为"玄学"。

尽管老子谓道无名而不可言，但后人却欲窥道之精义而纷纷注解

① 参见（南朝梁）刘勰《灭惑论》，载马端临《文献通考·经籍考》，转引自许地山《道教史》，江苏文艺出版社 2008 年版，第 1—8 页。

② 参见丁贻庄《从〈参同契〉到〈悟真篇〉》，《社会科学研究》1989 年第 2 期。

③ 《道德真经》第二十五章，载《道藏》，文物出版社、上海书店、天津古籍出版社1988 年版，第 11 册，第 476 页。

④ 《道德真经》第四十二章，载《道藏》，第 11 册，第 478 页。

⑤ 《道德真经》第四十章，载《道藏》，第 11 册，第 478 页。

⑥ 《道德真经》第十六章，载《道藏》，第 11 册，第 475 页。

⑦ 《道德真经》第十六章，载《道藏》，第 11 册，第 475 页。

⑧ 《道德真经》第四十一章，载《道藏》，第 11 册，第 478 页。

⑨ 《道德真经》第一章，载《道藏》，第 11 册，第 474 页。

诠释。韩非子云："道者，万物之所然也，万理之所稽也。"① 王安石曾说："道有体有用，体者元气之不动，用者冲气运行于天地之间。"② 冯友兰说，"道即万物所以生之总原理"③。还有一些名家尝试用综合的方法来对道进行解释，如：方东美从道体、道用、道相、道征四个方面进行解说④，陈鼓应的三义说⑤，唐君毅的六义说⑥，等等。这些解释或互有侧重，或彼此补全。尽管有人指出各家在解释时采取的格义方法不同，很有可能出现给老子乱扣帽子的情况⑦，但众家之辩却可加深对老子之道的理解。

总揽各家之义，老子之道有几点是明确的。一是道为万物存有之原理。即道先天地而生，可以为天地母。二是道为世界规范之原理。世间造化皆有律，于天为天道，于人为人道，顺道者生，逆道者亡。三是道实存却无实体。"道之为物，惟恍惟惚。"（《道德经》第二十二章）"无状之状，无物之象，是谓恍惚。"（《道德经》第十四章）可见，道为虚无本体，即精神的实体，无形无迹，实存而无实相，通而为一。

二　庄子之道

庄子是老子思想的继承者和发展者，司马迁在论庄子时说，"其要本归于老子之言"，"以訾孔子之徒，以明老子之术"。⑧ 庄子论道的成就被冯友兰称为道家第三阶段（杨朱为第一阶段，老子为第二阶段）⑨，以至于后人一提道家，必言老庄。

---

① （战国）韩非子：《解老》，载《道藏》，第 27 册，第 340 页。
② （宋）彭耜：《道德真经集注》，载《道藏》，第 13 册，第 117 页。
③ 冯友兰：《中国哲学史》，中华书局 1984 年版，第 105 页。
④ 参见方东美《中国哲学之精神及其发展》，台北：成均出版社 1972 年版，第 169—179 页。
⑤ 参见陈鼓应《老庄新论》，上海古籍出版社 1992 年版，第 4—14 页。
⑥ 参见唐君毅《老子言道之六义》，载《道家二十讲》，华夏出版社 2008 年版，第 141—153 页。
⑦ 参见刘笑敢《"反向格义"与中国哲学研究的困境思想史研究》，《南京大学学报》（社会科学版）2006 年第 2 期。
⑧ （汉）司马迁：《史记》卷六十三《老子韩非列传》，中华书局 1959 年版，第 343—344 页。
⑨ 冯友兰：《中国哲学史新编》，人民出版社 1998 年版，第 266—277 页。

首先,庄子认为道是实存的,并且创生万物。"夫道,有情有信,无为无形。……在太极之先而不为高,在六极之下而不为深,先天地生而不为久,长于上古而不为老。"① 说明道是真实存在的,但它又不同于一般的存在物,超出了时空的限制。同时,庄子也体认老子关于道的创生理论,认为道产生天地万物,并运作天地万物,这在《天地》篇里说得非常清楚:"泰初有无,无有无名;一之所起,有一而未形。物得以生,谓之德;未形者有分,且然无閒,谓之命;留动而生物,物成生理,谓之形;形体保神,各有仪则,谓之性。"②

其次,庄子认为道具有整体性,道通为一。事物往往是对立的,"此"物总能对应"彼"物,故曰:"彼出于是,是亦因彼。彼是,方生之说也。"③ 但道是整体的,没有跟它相对的东西,所以它超出对立的关系,即"彼是莫得其偶,谓之道枢"④。所以说不如用事物的本来之性加以观察和认识,即"莫若以明"。这样才可以避免"道隐于小成,言隐于荣华"⑤。世间万物皆具本然,因此万事万物都具有道,都依照自身的本性而存在,故"道通为一"。

最后,庄子认为道能齐物,达可游心。既然万事万物在本源上都能归依于道,做到齐一,那么事物之间的差别是相对的,而不是绝对的。一切事物都会依其参照物的具体状况和观察视角而改变,比如"以差观之,因其所大而大之,则万物莫不大;因其所小而小之,则万物莫不小;知天地之为稊米也,知毫末之为丘山也,则差数睹矣"⑥。或因人们主观成见,"以是其所非而非其所是"⑦,造成物之差异。因此,各种物论的争辩是没有必要的,它们必须在物体自身的意义上取消彼此的对立,泯灭是非,知通为一,才能达到"天地与我并生,万物与我为一"⑧ 的境界。与此同时,把自身从一切桎梏中解脱

---

① 《南华真经》内篇《大宗师》,载《道藏》,第 11 册,第 577 页。
② 《南华真经》外篇《天地》,载《道藏》,第 11 册,第 587 页。
③ 《南华真经》内篇《齐物论》,载《道藏》,第 11 册,第 569 页。
④ 《南华真经》内篇《齐物论》,载《道藏》,第 11 册,第 569 页。
⑤ 《南华真经》内篇《齐物论》,载《道藏》,第 11 册,第 569 页。
⑥ 《南华真经》外篇《秋水》,载《道藏》,第 11 册,第 596 页。
⑦ 《南华真经》内篇《齐物论》,载《道藏》,第 11 册,第 569 页。
⑧ 《南华真经》内篇《齐物论》,载《道藏》,第 11 册,第 570 页。

出来，由"有待"进入"无待"，达到逍遥的境界。①

从老子、庄子的道论来看，两者之间既有继承，又有发展。陈鼓应曾概括过两者道论的不同：老子的道，本体论与宇宙论的意味较重，而庄子则将它转化为心灵的境界；其次，老子强调道的客观意义，而庄子则把道和人的关系扣得紧密，追求精神境界的超升。②

第二节　道与忘我

一　道家之"忘"

"忘"是《庄子》中的一个重要概念，也是庄子重要的哲学主张。通读《庄子》，"忘"字频繁出现，全书共有 80 多处提及。其中涉及各种忘，如"忘礼乐""忘仁义""忘其肝胆""忘亲""忘物""忘己""忘年""忘知""忘利""忘心"，等等，探讨了忘的不同层次、过程、内容以及所达到的人生境界。

庄子的"忘"不同于世俗之人的"忘"，世俗之忘是指该忘的忘不了，不该忘的却忘了，这是一种自然之忘，即《德充符》所云："人不忘其所忘，而忘其所不忘，此谓诚忘。"③ 庄子的"忘"也不同于弗洛伊德式的"动机遗忘"，即有目的地把一些事情遗忘，从而求得某些情绪或心理冲突得到规避，这是压抑之忘。庄子的"忘"是主动的、积极的，能在不消灭客体的前提下隔离、屏蔽非相关性因素，而敛纳、提升相关性因素，是个体达道的途径和方法，是自觉之忘。④ 这种"忘"并非一时一地短暂的遗忘，而是人精神层面的超越。通过这种主动而自觉的"忘"，做到物我两行、乘物游心，使人从繁杂的世俗中解放出来，达到精神的自在。这也是《达生》里的"忘适之适"的境界："忘足，履之适也；忘腰，带之适也……始乎适而未尝

---

① 参见胡孚琛、吕锡琛《道学通论——道家·道教·丹道》，社会科学文献出版社 2004 年版，第 146—148 页。

② 参见陈鼓应《老庄新论》，第 108—109 页。

③ 《南华真经》内篇《德充符》，载《道藏》，第 11 册，第 576 页。

④ 王生平：《试析庄子之"忘"》，《甘肃社会科学》1992 年第 1 期。

不适者，忘适之适也。”① 可见庄子倡导忘其所忘，然后“吾有不忘者存”。亦即忘其粗而保其精，忘其多而得其一，忘其杂而得其纯，忘其外而得其内，忘其形而得其神。

庄子忘的思想继承于老子。老子曰：“为学日益，为道日损，损之又损，以至于无为，无为而无不为。”② 在老子看来为学需要知识经验的积累，但为道却要去欲、减知，使心灵处于虚无。无功利、无善恶、无美丑、无真伪，是人之初无分别的本然状态。因此，庄子倡导的“忘”与老子主张的“损”本质上是一样的，都是去繁就简，回归于道。大体上遵循减法原则，即通过体性抱神、无为复朴，忘物忘我，使人的精神不断纯化，从而返璞归真，达到人与道合一的境界。

二 道家之“忘我”

从逻辑上看，“忘”的主体是“我”，“忘”的客体是“我”所意识到的社会、自然以及自身的认知经验，“忘我”的发生即“我”对社会、自然的“视而不见，听而不闻”，以及自己的认知经验的消减的过程。因此，道家的“忘我”实质上是对自我的一种解构和超越。陈霞认为，庄子相“忘”的过程总体上可以归纳为忘物、忘德、忘知、忘己四个方面，其逐次递进的关系是由外向内、由物到人、由身至心，由浅入深的相忘过程。③ 这里忘物是指脱离外界物欲的诱惑，视物不见；忘德是摆脱仁义、礼乐等道德的束缚，放下道德评判；忘知是放弃囿于成见的知识经验与智巧，有而不用；忘己是摆脱了形累，了然生死，忘记自身的存在，直抵道性。所以，“忘我”是自我的一系列的解构过程，是“忘”的最高境界。

“忘我”并非把主体的“我”全部遗忘，而是在道的映照之下忘其所忘。《齐物论》开篇之初就提出“吾丧我”的命题。憨山大师注：“吾自指真我，丧我谓长忘其血肉之躯也。”④ 陈鼓应认为“吾丧

---

① 《南华真经》外篇《达生》，载《道藏》，第 11 册，第 601 页。
② 《道德真经》第四十八章，载《道藏》，第 11 册，第 478 页。
③ 参见陈霞《“相忘”与“自适”——论庄子之“忘”》，《哲学研究》2012 年第 8 期。
④ 《庄子内篇注》，中国香港佛经流通处印行 1997 年版，第 41 页。

我"是指摒弃成见之意，其中"我"指偏执之我，"吾"乃真我之意。① 罗安宪认为，"吾"指一般意义上的我，而"我"是指被成见所拘、欲望所使的"俗我"，"忘我"是虽存而忘，"丧我"是直接丢弃掉。② 虽然上述释义存在一些小分歧，但对于道家自我的发展却有共识："我"是复杂的，是由"执我""俗我""真我"等构成；同时，"我"的发展与成熟应该秉承"减"法原则，摒弃"执我""俗我"等伪我成分，寻求抱朴契道的真我。可见，道家"忘我"在自我的建构与解构方面有着清楚的逻辑。

因此，道家的"忘我"是个体对主观世界的净化与重构的过程。它不是一种机械的心理上量的消解，而是自我主动地去伪存真、以简驭繁的解构过程。这种解构伴随着自我的证悟与超越，蕴含着对道之生成运动的逆向反复之理，即万物合三，三合二，二合一，一为道。所以说，这个解构的过程也可以视作新的建构过程。正因如此，《庄子》全篇在广用"忘"字之外，还用了与"忘"字相通或相近的字，如"黜""堕""去""遗""丧""无""外"，等等，皆是以否定之方式，来表达对各种伪我的消解。在庄子看来，人只有在忘我之后才能进阶成为圣人、神人、至人，做到"用心若镜，不将不迎"，达到"乘天地之正，而御六气之辩，以游无穷"的逍遥境界。这就是道家独特的治心工夫，也可称为"忘的心理学"，即忘有而住无，弃敝而存道。③

三　忘我的目的：体道

老庄论道，解决了道的本体论与宇宙论，建立了道与心的连接，但道学的主旨与最高境界却是体道合真与天人合一。正如蒙培元所说："中国哲学也讲宇宙本体论，但不是构造世界的图画或原型，而是解决人的生命的'安顿'问题，也就是情感的归属问题。"④ 因此，

---

① 参见陈鼓应《庄子今注今译》，商务印书馆 2007 年版，第 45—46 页。
② 参见罗安宪《庄子"吾丧我"义解》，《哲学研究》2013 年第 6 期。
③ 参见毛华配、童辉杰《"忘"的心理学：道家自我的解构与超越》，《中国社会科学报》2018 年 6 月 26 日第 P002 版。
④ 蒙培元：《情感与理性》，中国社会科学出版社 2002 年版，第 8 页。

道家论道的目的在于修道、得道，这就是道之境界。道家的体道，并非局限于一般联想的各种吹呴呼吸、熊经鸟伸的养生活动，而是对体道、证道过程所蕴含的生命的超越与升华，实际上就是体性抱神、无为复朴，通过对人的内在精神的纯化，从而回复到人的淳朴、真洁如始初状态。①

老子在这个问题上首先主张少私寡欲。少私寡欲能使人保持淡泊虚静的心境，而虚静才能悟道。故《道德经》云，"不欲以静，天下将自正"②，"致虚极，守静笃。万物并作，吾以观复。夫物芸芸，各复归其根。归根曰静，静曰复命。复命曰常，知常曰明"③。老子认为心灵上的虚静可以使人与道合一，守持心灵的静寂状态可以让人的内心从"万物并作"的现象归根到事物存在的本性和本然状态上去，这样才能"复命曰常"，使人道合于天道，成为得道的"圣人"。

其次是绝学弃智。《道德经》云，"绝学无忧"，"为学日益，为道日损。损之又损，以至于无为。无为而无不为"。显然，老子所绝之学是指政教礼乐之学、仁义圣智之学等"官学"。④ 在老子看来，人们学习仁义、礼乐，认知日渐开化，情欲智巧也随之增多，其结果则是"智慧出，有大伪"⑤。因此，为道应当不断减损知识、智巧，同时"涤除玄览"，从杂乱的感觉经验中挣脱出来，在心灵深处以道为镜自鉴自查，除去污垢，使人回到无知无欲、淳朴自然的无为境界。需要指出的是体道、得道后的这种混沌、近"愚"的状态并非真愚，相反，得道者已返璞归真、玄同于道。所以，他的内心已然"明白四达，能无知乎?"⑥ 可见，老子通过对自我的"减损"与"涤除"，使自己精神纯化而达道的境界。

庄子继承和发展了老子的道论，并且最全面、深刻地反思了

---

① 参见张广保《原始道家的道论与心性论》，《中国哲学史》2000 年第 1 期。
② 《道德真经》第三十七章，载《道藏》，第 11 册，第 477 页。
③ 《道德真经》第十六章，载《道藏》，第 11 册，第 475 页。
④ 参见安继民、高秀昌、王守国《道学双峰——老庄思想合论》，河南大学出版社 2001 年版，第 49—52 页。
⑤ 《道德真经》第十八章，载《道藏》，第 11 册，第 475 页。
⑥ 《道德真经》第十章，载《道藏》，第 11 册，第 475 页。

"忘"与道的密切关系。① 在庄子看来，"忘"是抵达道的方法与途径。如"不如两忘而化其道"，"鱼相忘乎江湖，人相忘乎道术"②，"忘乎物，忘乎天，其名为忘己，忘己之人，是之谓入于天"③。通过主动之忘、自觉之忘，使伪我不断得到扬弃，内心走向清静与自由，从而使个人的小我统合到宇宙的大我中，达到物、我、道合而为一的境界。

可见，庄子的"忘"循自老子所说的"损"。所谓的"忘我"即通过忘物、忘德、忘知，最后忘己，从而进阶成为圣人、神人、至人。圣人有功而无名；神人纯因自然故无功，而犹未能无己；至人则完全忘我而无己。由此看来，这里的"忘"是一种"术"，"忘我"则既是"忘"的全过程，又是这个过程中的高阶状态，而忘的目的则是指向道，即得道。个体只有解构那些纷扰自我之物，通过忘外物，忘人忘己，忘内境等渐次精神修炼，在逐次的相忘中找到真我，才能返归道之原初状态，才能重新发现和重构自我，重新获得一次开始。

四 道家的"忘"与佛家的"禅"

在中国的传统文化中，道、佛两家一直处于互释、互补而又互辩的状态。在佛教传入东土之始，传播者常常以道释佛，以老庄虚无思想解释般若学。同时，佛教的"空"亦丰富和拓宽了道家的"有无"论。至唐宋时的禅宗，亦是与老庄思想密不可分的，因此有学者认为禅即"庄"④，或者是老庄思想的宗教化与实践者。⑤

因此，讲到道家的"忘"，自然会联想到佛家的"禅"。禅，也称禅那（巴利语 Jhāna 的音译），意为"静虑"，即通过静思由躁入静，由静入定，而定能生慧的境界与过程。禅有印度禅和中国禅之分，一般认为慧能之前为达摩所传的印度禅，以"无心"为宗，自慧

---

① 参见皮朝纲、刘方《忘——即自的超越》，《西南民族学院学报》（哲学社会科学版）1999 年第 6 期。

② 《南华真经》内篇《大宗师》，载《道藏》，第 11 册，第 577 页。

③ 《南华真经》外篇《天地》，载《道藏》，第 11 册，第 587 页。

④ 李泽厚：《中国古代思想史论》，生活·读书·新知三联书店 2008 年版，第 185—226 页。

⑤ 萧登福：《道教与佛教》，台北：东大图书公司 2013 年版，第 103—113 页。

能始为中国禅,以"无念"为宗。"无心"意味着空、净,侧重于定学;"无念"不是没有念头,而是念不染境,不执于有,不执于空,侧重于慧学。故胡适先生曾言:印度禅重定学,而中国禅重在慧学;印度禅法讲渐修,中国禅法重顿悟。① 从总的方面来看,道家的"忘"与佛家的"禅"具有相似性。首先,它们在目的上都是去除执念,摆脱形体、认知的限制,求得心灵的自在与生死的解脱。其次是方法上都通过对现实的否定与消解来灭绝外缘,以达清心寡欲、平虑静修之状态。再次是于人格上讲求去伪存真,觉察真我,合于大我。最后是主张消除主客对立,归于虚空,把有限的生命延伸向无限的境界。

尽管两者渊源颇深,并且在诸多方面有相似性,但道、佛两家毕竟源头不同,其差异之处也是显而易见的。其中最核心的是"有无"观的差别,就像南朝慧琳《黑白论》中所指:"释氏即物为空,空物为一。老氏有无两行,空有为异,安得同乎!"② 吕有祥曾对道、佛"有无"观的区别作过明晰的阐述,他认为两者在本原与非本原、主宰与非主宰、实体性与非实体性、本体与法性、两体与一体五个方面存在差异。③ "忘"的背后是道家的"无",也即"道"。所以无是本源,先无而后有,无生万有而又内化其中,故主宰万有。在道家看来,无为体,有为用,有无皆为实体,有无两极相互转化。而"禅"的背后是佛家的"空"(佛教中国化后也讲"无",但本质上还是秉持"空"的思想),即"缘起性空",万物因缘而"有",缘尽而"无"。所以物无自性,没有本原,也非实体。因此,"有无"系于照心,需断除"实有"之见和"绝无"之见,乃至非有非无之见亦断除,方达中道实相的认识。

除此之外,"忘"和"禅"在物我关系、修持要旨以及修道的境界上均存在差异。在道家相忘哲学看来,"天地与我并生,万物与我为一",物我齐平而各有自性。故需齐物等观,方能外斋六根,入于

---

① 参见姜义华主编《胡适学术文集中国佛学史》,中华书局1997年版,第35—36页。

② (南朝)慧琳:《黑白论》,载(南朝)沈约《二十五史·宋书》卷九十七,上海古籍出版社1986年版,第270页。

③ 参见吕有祥《佛、道"有无"观略辨》,《佛学研究》2007年第1期。

忘境。佛禅主张人法俱空，不住执念，讲究"人境不二""人法一如"。在修持上，"忘"强调"外"物"静"心，物我各运而无碍，通过体性抱神、无为复朴，以顺达自然。与此相应的道术有坐忘、心斋等。"禅"则主张"空"物"净"心，物我俱灭而无住，通过止观双修，以达顿悟。可供修持的道术有八正道，其中在心理学领域广为人知的正念即为其一。在境界上，"忘"是通过以物观物、物我两忘，剔除俗我，契真合道，游世以逍遥。"禅"以破除一切主客、内外之对立为手段，由一心开出智境，而又归于一心，以实现绝对超越，出世而涅槃。可见，道家的"忘"与佛家的"禅"既有契合之处，又有各自的义理与法门。

第三节　如何忘我：齐物游心

一　忘我修炼的原理

在老庄的思想中，"有""无"两者"同出而异名"，"有""无"均出于道，有的过程也即无的过程。人生在世，从无到有是重要的，因此众人寻求"有"，追求"功成名就"。然而"有"了之后就要有"功成身退"的工夫。即从"有"退出进入"无"，只有让那个"有"仍回到"无"，才能有新一轮的"从无到有"。[①] 因此，老子用"损"，庄子用"忘"，都是大体遵循减法原则，诫人"从有归无"，通过体性抱神、无为复朴、忘物忘我，使人的精神不断纯化，从而回复到人的淳朴、纯真的初始状态，达到人与道合一的境界。

从庄子的著作来看，忘我是庄子内篇的核心思想，但在不同篇目，其提法不尽相同，如《逍遥游》中的"忘己"，《齐物论》中的"丧我"，《人世间》中的"心斋"，《大宗师》中的"坐忘"。"忘己"更多只是一种结果状态，而"丧我""心斋""坐忘"既是结果状态，又是一种实修过程。学术界对"丧我""心斋""坐忘"三者的关系

---

① 叶秀山：《叶秀山先生序》，载胡孚琛、吕锡琛《道学通论——道家·道教·丹道》，社会科学文献出版社 2004 年版，第 8—12 页。

一直都有争论,一种观点认为三者均是庄子体道的"术",彼此之间密切联系,但尚存差距①;另一种观点认为三者是一致的,无大的区别,如徐复观认为:《逍遥游》的所谓"无己",即《齐物论》中的"丧我"②;《人世间》中的"心斋",亦即《大宗师》中的"坐忘"②;"无""丧""斋""忘"均训致无。③ 客观地讲,这些"道术"都恪守"无"的精神,致力于解构自我(成心之我)、返璞归真,进而处虚守静、空可纳物,以臻大道,在本质上都是一样的。

冯友兰认为,《庄子》内七篇中,《逍遥游》和《齐物论》两篇是它的核心文本。④ 因为《逍遥游》提出逍遥的三个层次——"无名""无功""无己";《齐物论》用"无是非""无封""无我"三重境界对此予以论说;《养生主》是《逍遥游》的续篇;《人间世》的主旨是"无名",《德充符》的主旨是"无功",《大宗师》的主旨是"无己";《应帝王》是《庄子》内篇的总结,同时也是对《逍遥游》的呼应。⑤《齐物论》中说:"古之人,其知有所至矣。恶乎至?有以为未始有物者,至矣,尽矣,不可以加矣。其次以为有物矣,而未始有封也。其次以为有封焉,而未始有是非也。是非之彰也,道之所以亏也。"这里,庄子认为人的境界有三种。第一种是"有以为未始有物者",物我不分,"天地与我并生,万物与我为一"(无我)。第二种是"以为有物矣,而未始有封也",虽有物我分别,但对万物同等地观照,不做思想上的区别(无封)。第三种是"以为有封焉,而未始有是非也",虽对万物进行区别,但不从言论上予以是非善恶的评判(无是非)。人要想达到这三种境界,必须齐"物论"、齐万物、齐物我,此即齐物三义。⑥

① 参见罗安宪《庄子"吾丧我"义解》,《哲学研究》2013 年第 6 期;[日]中野达、牛中奇《〈庄子〉郭象注中的坐忘》,《宗教学研究》1991 年第 1 期。

② 参见徐复观《中国人性论史·先秦篇》,湖北人民出版社 2009 年版,第 348—358 页。

③ 参见陈林群《心斋、坐忘、逍遥与精神排毒》,《名作欣赏》2009 年第 6 期。

④ 参见冯友兰《中国哲学史新编》,第 397—402 页。

⑤ 参见郭智勇《逍遥的三个层次——试论〈庄子〉内篇的结构》,《广西社会科学》2006 年第 2 期。

⑥ 参见陈少明《自我、他人与世界——庄子〈齐物论〉主题的解读》,《学术月刊》2002 年第 1 期。

所以说庄子是想通过齐物等观、物我一如的认知论来消减世俗偏见，解构俗我，达到"无己"的境界，从而乐得逍遥自在。"无己"也即"忘己"，亦即"丧我""心斋""坐忘"。由此看来，忘我的过程亦是齐物的过程，通过忘物忘我，以臻"天地与我并生，万物与我为一"的境界。在忘我的次序上，人们通过脱离物欲的诱惑（忘物），摆脱仁义、礼乐等道德的束缚（忘德），放弃囿于成见的知识经验（忘知），摆脱了形累，从各种身体感觉、生老病死中超脱出来（忘己），最终达到虚无的境界（忘忘）。这些忘我的过程，都离不开"万物齐一"的物—我观念的整合与发展。

当然，要想做到忘我，尚需做到"以明"，"明"者知事物本来究竟，自然不昧、自然不茫，于物之本然属性为真、正、平、常；人有了"明"的觉察，方能齐物，即能以"道通为一"的态度看待一切、对待一切，这自然丢弃了一切使人劳顿、疲役、困苦的妄念、妄为，达到丧我的境界。① 可见，以明方能齐物，齐物才能忘我，忘我自可游心，这正符合庄子的体道精神。

二 忘我之道术："坐忘"

道家忘我思想通过去伪存真、忘而自适的方式体道证悟，把人心与道巧妙地联结起来。但要想达到忘我境界，其中的道术不可或缺。正如叶秀山所言："人不是自然地'适应'（造）于天地之间，而是通过道术，科学地、技术地'相忘'于天地之间。"② 坐忘正是如此之法门。

（一）"坐忘"其名

"坐忘"一词最早是庄子在《大宗师》一文中借孔子与颜回的对话提出来的。何谓"坐忘"？"堕肢体，黜聪明，离形去知，同于大通，此谓坐忘。"③ 郭象注曰："夫坐忘者，奚所不忘哉！既忘其迹，又忘其所以迹者。内不觉其一身，外不识有天地，然后旷然与变化为

---

① 参见罗安宪《庄子"吾丧我"义解》，《哲学研究》2013 年第 6 期。
② 叶秀山：《说"人相忘乎道术"》，《读书》1995 年第 3 期。
③ 《南华真经》内篇《大宗师》，载《道藏》，第 11 册，第 579 页。

体而无不通也。"① 成玄英疏云:"大通,犹大道也。道能通生万物,故谓道为大通也。外则离析于形体——虚假,此解'堕肢体'也。内则除去心识,怳然无知,此解'黜聪明'也。既而枯木死灰,冥同大道,如此之益,谓之坐忘也。"② 此二公的注释均指出忘身与忘知,亦即身心两忘之意。

这里的身心两忘,并非一般意义上的遗忘。其实,"坐忘"之"忘"另有深意。《德充符》中说:"人不忘其所以忘,而忘其所不忘,此谓诚忘。"联系上下文,其意为人若不能忘掉他应该忘掉的形体上的缺陷,却忘掉了他们不应忘掉的德性方面的长处,那就是真的遗忘了。可见庄子的思想不赞成人们过分执着与眷恋于物的纠缠与成见,而是倡导忘其所忘,然后"吾有不忘者存"。亦即忘其粗而保其精,忘其多而得其一,忘其杂而得其纯,忘其外而得其内,忘其形而得其神。③

因此,"坐忘"不是空坐在那里万事皆已遗忘,而是人在彼处不以万事为事,使心能够达到庚桑子所讲"灵台者有持,而不知其所持,而不可持者也"④ 的境界。这种"忘"并非一时一地短暂的遗忘,而是人精神层面的超越与相适。通过这种主动而自觉之"忘",使人从繁杂的世俗中解放出来,达到精神的自在,游心于道。当然,做到"坐忘"并非易事,颜回经过多次的努力,才渐次忘掉"仁义""礼乐","堕肢体,黜聪明",达到"坐忘"的境界。可见,"坐忘"是一门有着很深学问的心性炼养的工夫。它既是庄子体道证悟的方法,也是庄子追求的一种物我两忘、与道为一的人生境界。

（二）"坐忘"的理论沿革

1. 庄子的"坐忘"

庄子的坐忘论（暂且称为"本论"）,从文本来看比较简单,经

---

① （晋）郭象注,（唐）成玄英疏:《庄子注疏》,曹础基、黄兰发点校,中华书局2011年版,第156页。

② （晋）郭象注,（唐）成玄英疏:《庄子注疏》,曹础基、黄兰发点校,第156页。

③ 参见王生平《试析庄子之"忘"》,《甘肃社会科学》1992年第1期。

④ 《南华真经》杂篇《庚桑楚》,载《道藏》,第11册,第610页。

历"忘仁义""忘礼乐",然后"堕肢体,黜聪明,离形弃知,同于大道"。其中大概告知了"忘"的内容、次第以及"忘"的境界。但至于怎么忘,为何忘,则是零散地在《庄子》其他篇幅中有所回答,如"丧我""心斋""心养",等等。综观《庄子》全篇,"坐忘"中"忘"的功能也就是庄子反复倡导的"无"的方法,亦即老子所说的"损"。若是从庄子相忘哲学的整个系统来看,"坐忘""丧我""心斋""心养"等皆同属一事,这样"坐忘"的内涵以及实践性就大大地提升。孟周曾经提出庄子的体道次第应为:齐物、外物、心斋,而整个体道过程应该属于广义上的坐忘。① 其中齐物是达成"坐忘"和逍遥的基础,外物的"外"即是"忘",是说不再执着于身外之事物,并把弃绝物性的范围由外物扩展到自己的身心上,使齐同万物的工夫从身心体验过渡到"同于大通"的境界,这样物化与虚静在人的体道活动中得到统一,这就是心斋。沈维华认为坐忘的境界全在心斋的工夫。② 通过专志凝神,持之以气,外要摆脱感官之欲,内要消解主观之偏执,以至于虚静。可见,坐忘的工夫关键在于心斋。

庄子虽然对心斋、坐忘分而述之,但在"忘"的主旨的统摄下,把心斋和坐忘纳入一个广义的"坐忘"概念并不与其本意相悖。张默生认为心斋与坐忘是同一种境界的两种称谓,就是堕听黜明,更进一步而至于万念俱空,纯然是虚静者的境界,而为"虚以待物"的状况,可以说是达到处世的极致了。③ 若是这样,心斋解决了怎么忘的问题,坐忘解决了忘什么的问题,两者的统合使坐忘的概念更为清晰,更具操作性。

需要指出的是,老庄所论之道,乃万物之本,万物之"朴"。庄子从"道通为一"的观念出发,导引出物我两忘、与道泯合的思想,目的在于获得心理上的清静安宁和精神的自在、逍遥。其学说是在说性,并非论命。《庄子·刻意》云,"吹呴吐纳,吐故纳新,熊经鸟伸,为寿而已矣",可见庄子追求的不只是延寿,而是内心的逍遥。尽管坐忘之法把身体带入其中,却不是其关注的重点。其重点在于通

---

① 参见孟周《庄子体道次第思想简述》,《国学论衡》2007 年第四辑。
② 参见沈维华《庄子之"忘"探析》,《彰化师大国文学志》2013 年第 26 期。
③ 参见张默生注译《庄子新释》,齐鲁书社 1993 年版,第 153 页。

过齐物炼性，以气入静，忘我契真，以求清静无为境界。

由于庄子书中涉有服气导引的内容。《洞玄灵密玄门大义》正式把庄子的"心斋""坐忘"列入炼气的方法中，其《释众术》里说，炼气之方法很多，"大而论之，略有五常：一者思神存真，二者心斋坐忘，三者发展飞空，四者餐吸元气，五者导引之光"①。其虽没有详细方法，但把坐忘当作一种炼气方法，这与庄子自然无为的修炼思想多少有些出入。

2. 唐代的"坐忘"

庄子之后，对坐忘的论述在唐朝达到一个高峰。宋朝至游子曾慥在其编著的《道枢》里说："吾得坐忘之论三焉，莫善呼？"② 即《坐忘论》上、中、下三篇。其中上篇所指《坐忘论》今人一般认定是唐司马承祯所作，正文讲述信敬、断缘、收心、简事、真观、泰定、得道七阶（暂称为七阶《坐忘论》，下同），其附录《枢翼》讲述内观正觉的三戒、五时、七候。中篇是指同时代的名作《天隐子》，作者不详，宣称道须渐修，有五渐门之说：一曰斋戒；二曰安处；三曰存想；四曰坐忘；五曰神解。下篇所述《坐忘论》（暂称形神《坐忘论》，下同）指出七阶《坐忘论》为道士赵坚所著，批评七阶《坐忘论》讲的不是坐忘，而是坐驰，认为真正的坐忘只是长生修炼的初始阶段，长生修炼应当形神俱全。

唐代坐忘三篇对后世修道影响甚大。但坐忘三篇涉及的理论承接尚有不清，其著者的考证目前似未有定论。③ 这里无意讨论三篇名作的作者考证与理论探源，我们关心的是其呈现的坐忘理论与庄子的坐忘论有何不同。《天隐子》在序言中即说："神仙之道，以长生为体。长生之要，以养气为先。"可见，这里把坐忘作为一种炼气之法来理解，认为要达成坐忘，关键是"存想"，因为"坐忘者，因存想而得，因存想而忘也"。那如何存想呢？《天隐子·后诀》中说："存想自身，从手至足，又从足至丹田，上脊膂，入于泥丸……想毕复漱咽，乃以两手掩两耳，搭其脑如鼓声三七下……乃

左右耸两肩甲闭息顷刻，气盈面赤即止……然更有要妙，在乎与天地真气冥契同运。"① 显然这是受服气导引之术的影响，借用气功意念与导引术来达到坐忘状态，这与本论《坐忘论》中的自然无为之意存在区别。

七阶《坐忘论》以坐忘为核心，通过坐忘修炼，达到得道长生的目的。其首要条件是敬信，"信者，道之根；敬者，得之蒂"。"谓信道之不足者，乃有不信之祸及之。"强调修道者必须对道以及"坐忘之法"信任与敬重，既具有较强的宗教色彩，也与儒家的正心诚意相符。断缘就是要断绝尘事杂物，不为所扰。此点与本论《坐忘论》中的"忘仁义""忘礼乐"相似，只是庄子讲"不将不迎"，意在自然无心。而七阶《坐忘论》则"若事有不可废者，不得道而行之，勿遂生爱，系心为业"，即处世可不离世，不生执心即可，把修道者放在世俗实境来考虑。收心则是收心离境，心不受外。"收心"事实上就是一种静坐入定的方法，与庄子的"心斋"思想相对应。只是庄子讲"虚而待物"，顺应自然；而前者讲"息乱而不灭照，守静而不著空"，则有点天台宗止观学的踪迹。简事是在前面环节的基础上做到"知生之有分""识事之有当"，然后剔除"分之所无""非当之事"。其义与老庄返璞归真相当。真观取意于老子的第一章的"以观其妙"，指修道至此，当能洞观物象，破除执念。泰定即大定，取之《庄子》"宇泰定者，发乎天光"。此处真观、泰定亦与佛门的止、观相似。最后是得道，即达坐忘境界，"形堕道通，与神合一，形神合一，谓之神人"。可知七阶《坐忘论》没有摒弃炼形，但总体上比较重视修性，试图用"坐忘"的心性炼养之法代替当时的修道之术，以达《太上老君内观经》"所以教人修心即修道也，教人修道即修心也"②之目的。总之，七阶《坐忘论》继承和发挥老、庄思想，以及纳儒家正心诚意和佛教止观、禅定等观念，主张次第渐修，追求形神合一，这拓展丰富了庄子之坐忘说。正如卢国龙曾评论说"如果说唐初年道士讲老庄哲学是开花，那么司马承祯融通老庄之学与宗教实践则是蓓

---

① 王云五主编：《丛书集成初编》，中华书局 1985 年版，第 573 册，第 12 页。
② 《内观经》，载《道藏》，第 11 册，第 397 页。

蕾，至内丹道性命兼修为硕果"①。这一学说对后来宋代道教的内丹学以及宋代理学家影响极大，周敦颐"无欲故静"的主静说，朱熹"惩忿窒欲"的"居敬"说，程颢教人"定性"的主张，王夫之的"坐忘忘吾"说等心性修养都有一定影响。②

　　与七阶《坐忘论》广为流传，为人熟知相比，形神《坐忘论》则少为人知。今存形神《坐忘论》刻于济源《有唐贞一先生庙碣》碑阴，后被宋代曾慥节选进《道枢》卷二《坐忘篇·下》。形神《坐忘论》批评七阶《坐忘论》"其事广，其文繁，其意简，其词辩"，讲的不是坐忘，而是坐驰。其认为真正的坐忘乃"先定其心而惠照内发，故照见万境虚忘而融心于寂寥之境"。因此只要"先之以了诸妄，次之以定其心"，即能坐忘。在其看来，坐忘只是修道的基础，起"澄神以契真"的作用，但修道尚需形神俱全，其曰："坐忘者，长生之基地也。故招真以炼形，形清心合于气，含道以炼气，气清则合于神。体与道冥，斯谓之得道者矣。夫真者，道之元也，故澄神以契真。"③

　　依唐三篇所述，可以看出庄子的坐忘学说的主旨尚得以继承，但其重心性、尚无为、乐逍遥的体道精神与原则得到了改造与发展，坐忘的理论逐渐朝向形神兼修、服气导引的方向发展，并融摄了部分的佛、儒思想。这种情况的出现，应该与当时的社会境况有关，唐人重外丹，同时也重视胎息服气，因此庄子的坐忘便自然地被改造为服气导引倾向的理论。④ 当然这种改造与发展，于坐忘修习本身是有益的，同时也推动了道教修炼术的变革。

　　3. 唐以后的"坐忘"

　　唐以后，内丹功法兴起，成为道教炼养术的核心。内丹术讲求性命双修、坎离交媾、周天搬运。其修炼程序一般包括炼己筑基、炼精

---

① 卢国龙：《中国重玄学——理想与现实的殊途同归》，中国人民大学出版社 1993 年版，第 368 页。
② 参见卿希泰、詹石窗编《中国道教思想史》，人民出版社 2009 年版，第 543—561 页。
③ （宋）曾慥：《道枢》，载《道藏》，第 20 册，第 616 页。
④ 参见罗宗强《从〈庄子〉的坐忘到唐人的炼神服气》，《传统文化与现代化》1993 年第 3 期。

化炁、炼炁化神、炼神还虚四个阶段。内丹功门派众多，分有南宗、北宗、中派、东派、西派之传，胡孚琛认为各家门派之法诀应以《老子》《庄子》《列子》《黄帝内经》《黄帝阴符经》《周易》《化书》《周易参同契》《悟真篇》等所传为正宗。[①] 客观地讲，内丹功法性命双修的观点已广为修道者所接受，贵生惜命理念在道教修持中已逐渐占据主要地位，道教在后续的发展中重术轻道的倾向逐渐显现，致性功修习逐渐旁落。正如许地山在《道教史》中所叹，"老子之意，愈远愈失其真"[②]。当然，道教内丹术讲究性命双修，其命功也不仅仅限于续命延寿之效。道教命功强调专志守窍、河车搬运，这种做法必须使人收视返听、闭塞其兑，感知回转当下，由外感转为内觉，并使意识活动与内觉合而为一，这亦是有助于个体从繁复的世俗之中脱离出来，进入虚静的境界。所以说，命功在了命延寿的同时，亦推动了性功的修炼。何况，道家修持的最终使命还是要了性，内丹功的最高境界即炼神还虚、炼虚合道。故清代内丹家刘一明在《修真九要》里说："内药了性之功，所关最大，无穷的事业，皆要在此处结果，何得轻视性乎？吾愿成道者，未修性之先，急须修命；于了命之后，急须了性。阴阳并用，性命双修，自有为而入无为，至于有无不立、打破虚空，入于不生不灭之地，修真之能事毕矣。"[③] 可见，本论《坐忘论》之说虽然日渐式微，但道家修炼万法归宗，其理论意识却也融合于其中，只不过受重视的程度不一而同罢了。

至现代，一般认为坐忘之法类似于"静功"或者"静坐"。如郭沫若在《王阳明礼赞》一文中认为静坐这项工夫来自《庄子》的坐忘[④]；陈撄宁认为古法坐忘属于道家的一种静功，练习时要做到身、息、念静而不动，才能达到忘境[⑤]；王沐认为唐代坐忘论实际上阐发了内丹静坐的理论，接近了内丹功法[⑥]；而《道教大词典》把坐忘解

---

① 参见胡孚琛《丹道法诀十二讲》，社会科学文献出版社2009年版，第1—16页。
② 许地山：《道教史》，江苏文艺出版社2008年版，第4—6页。
③ 刘一明：《道书十二种》，书目文献出版社1995年版，第412—413页。
④ 郭沫若：《王阳明礼赞》，载《郭沫若全集》历史编第三卷，人民出版社1984年版，第288—301页。
⑤ 陈撄宁：《道教与养生》，华文出版社1989年版，第305—316页。
⑥ 王沐：《内丹养生功法指要》，中华书局2008年版，第118—119页。

释为"静功"，是道教追求"物我两忘，淡泊无思"的境界的一种修炼静功的方法。① 刘天君曾在《中医气功学》中编纂"坐忘功"，把"忘"作为坐忘法的核心，并把气功的"三调"、意守丹田移用到坐忘功法上，应该说给坐忘修炼带来一定的实操性。② 但是，《中医气功学》没有对坐忘形成操作性定义，对"忘"字诀并未展开论述，对坐忘的齐物思想和心性超越功能也未述及。从实修层面看，现代修道者大多视坐忘为道家静功或打坐，或是把坐忘作为内丹修炼的筑基工夫。③ 可见，在现实中坐忘已被当作道家静功来理解，这种倾向应该得到重视。

（三）坐忘的实修路径

坐忘是一种修行的理论，也是一种修行的方法，更是一种修行的结果。通过修习坐忘，使自己能够从世俗的纷争中抽身出来，全性葆真，从而使自己能够回归本初，致力于体道、合道。从前面对坐忘的理论回溯来看，有几个特点是明显的。一是遵循由繁及简，返璞归真的主旨。从庄子的"忘"到《坐忘论》的"收心""简事"，等等，无不体现"简""真"的道家朴素思想。二是内容上是从专修性功转向性命双修。坐忘本论纯属性功，心斋虽然凭借"听息"的手段，但也是纯粹的静养工夫；到唐三篇，服气导引之术得到重视，性命双修的思想初步形成。之后，内丹修炼的性命双修思想终趋成熟。三是修炼的历程从顿法走向渐法。性功尚存顿悟之机，命功都需秉持渐修之法，方能了身。可见，不同时期对于坐忘的理解、修炼法门是有所不同的。

从坐忘功法衍化的角度看，庄子的坐忘是心性修炼的法门，通过"忘"字诀强调心性的超脱，目的是入于清静，即求"虚静"。因为，"唯道集虚。虚者，心斋也"④，这也契合老子的"致虚极，守静笃"之理。也就是说，通过超然之"忘"，使自我从功名利禄的庸劳繁复

---

① 参见闵智亭、李养正编《道教大辞典》，华夏出版社 1994 年版，第 645—646 页。
② 参见刘天君主编《中医气功学》，人民卫生出版社 1999 年版，第 112—113 页。
③ 笔者曾访谈浙江、中国台湾等地的道士及道学研究者 15 位，其中 12 位认为坐忘就是道家的打坐，属于道家静功，而有 3 位则认为坐忘就是内丹功的筑基功法。
④ 《南华真经》内篇《人世间》，载《道藏》，第 11 册，第 573 页。

中摆脱出来，褪去俗我，回归真我，进而契合道体。综览《庄子》全篇，言及修道之法总共这么几处：南郭子綦的"丧我"，孔子的"心斋"，颜回的"坐忘"，广成子论至道，关尹论守纯和之气。唯心斋、坐忘稍为详述，但具体是如何进入坐忘之境亦并无言明。从颜回习练心斋后的心得来看，应是心斋的练习促成了其忘我的境界："回之未始得使，实有回也；得使之也，未始有回也，可谓虚乎？"① 由此可见，颜回是通过心斋之法做到了"忘我"之境。因此，可以说心斋是坐忘的下手工夫。不过，后世对于心斋的用法各家不一，如《洞玄灵宝太上六斋十直圣纪经》记载心斋为上士修持之斋法，为排除思虑与欲望，保持心境清静纯一之功法②；《修真辩难前编参证》则把心斋作为问道、闻道的基础，指出闻道须外斋六根、内斋心境，方能出于自然，至于心斋。③ 此两者主要把心斋用作修真之前精神上的斋戒，属于修性的基础功法，与清静之意接近，但似乎离坐忘之境尚有一定距离。陈撄宁则依庄子心斋之法化为静功（庄子听息法），用以养生修性，其功法借听息之法抱元守一，以臻虚静之境，与庄子之意相近。④

　　如按现代的观点，心斋坐忘是可以纳入道家静功之列的。道家静功（也称"静坐""打坐""真坐"等），一般是指练功时外形相对静止不动，与动功相对应，讲究三调（调节身、心、意），重在守窍，静坐忘情，止念心死神活，以臻于自然无为之境。不过，目前对于道家静功的理解尚存在一些分歧，有人认为静功以修性为主，旨在修得虚静无为，功法侧重无为法。如：陈撄宁的"庄子听息法"⑤、伍止渊的"虚实静功"⑥，以及王松龄的"清静功"⑦ 等都属此类（暂称为

---

① 《南华真经》内篇《人世间》，载《道藏》，第 11 册，第 573 页。

② 《洞玄灵宝太上六斋十直圣纪经》，载《道藏》，第 28 册，第 382 页。

③ 刘一明：《道书十二种》，第 327 页。

④ 参见陈撄宁《道教与养生》，第 316—321 页。

⑤ 《道藏》，第 28 册，第 382 页。

⑥ 张剑鸣：《虚实静功》，载陶熊、张朝卿、金冠等编《气功精选》，人民体育出版社 1981 年版，第 264—276 页。

⑦ 赵继承编：《王松龄气功养生法》，沈阳出版社 1991 年版，第 34—41 页。

"静修派")。而另一些人则认为静功就是内丹功①，从有为法入手，讲究性命双修之法，须炼精、气、神三宝，经河车搬运，还虚合道（暂称为"内丹派"，下同）。总的来说，两种观点都属性命双修的范畴，前者侧重从无为法入手，强调清静虚无之境界；后者讲究从有为法入手，强调精、气、神的聚合运化。其实，静修派和内丹派虽"术"有各表，但道却相同，终归于"万物齐平，天人合一"之忘我境界，皆可称为坐忘之术。当然，从坐忘的原始意涵以及方便实修的角度看，静修派注重心性炼养，强调清静、无为、自然的观点，更接近坐忘本论，与老庄的思想相贴近，并且在练功时相对安全以及操作层面更为简易，尚不失为坐忘修习的功法。

当然，习练静功，妄心最难除，杂念最难去。故王重阳曰："静坐之工，首须止妄念。"②萨天师曰："欲要静坐，先平其心，而后顺其气……平心理气之后，方能操静坐之权。"③所以，欲达忘我之境必先外物，外物必先齐物。人若能齐平万物，方能摆脱是非纠缠、物我之执，自然万妄消除，万念归一。进而超越生死，从拘束的形体解放出来，天地与我并存、万物与我为一，达到真正与宇宙同体的境地。可见，齐物思想在庄子的"忘"之道中具有重要地位。齐物才能外物，外忘六根，内除心贼，方能入物我两忘之境。这也是唐代《坐忘论》中所强调的断缘、收心、简事、真观等诸法。所以，齐物论的思想应是坐忘修道的基础。陈少明认为正是庄子倡导齐物等观的思想，改变了自身对世界、他人、自我的看法，强调万物平齐，打破自我的固执，完成了生命形态的转变。④

至此，坐忘修习的路径似乎明朗起来。就是秉持"忘"的精神，以齐物论思想为基础，结合道家静修的方法，修性为主，兼顾命功。

---

① 参见涵静《静坐要义》，陕西人民出版社 1989 年版，第 7—13 页；王沐《内丹养生功法指要》，第 118—119 页；萧天石《道海玄微》，台北（现已迁至新北）：自由出版社 1981 年版，第 1—7 页。

② 转引自王西平、吕峻峡《静坐法诀汇要》，内蒙古人民出版社 1992 年版，第 16—22 页。

③ 见王西平、吕峻峡《静坐法诀汇要》，第 16—22 页。

④ 参见陈少明《自我、他人与世界——庄子〈齐物论〉主题的解读》，《学术月刊》2002 年第 1 期。

具体的修炼次第是：首先是齐物等观，使自我从物欲是非中超脱出来，忘情息念；其次是专志守窍，收视返听，使六根清静，逐渐放弃意识的监控以及经验理性的启动，忘物忘德；再次是心神合一，身、心、意融合，万境归一，做到离形去知；最后是无住无待，使心灵遁入一种混沌无知、淳朴洁净的存在状态，体道证悟，逍遥自适，同于大通。

三　性命双修：内丹术

道家自老庄之后进入一个发展的低谷期，人们开始把注意转移到神仙炼养之术。随着道教的创立，符箓、斋醮盛行，此后道家思想发展就与道教紧密联系。道教道论的发展出现了几次重要的老庄之学的复归，使道学思想得到继承与发展。其一是唐朝成玄英、李荣、杜光庭、司马承祯等人，他们以重玄思想为承启而说人性，将修道的重点转移到心性修炼上，成了宋元内丹性命双修之先导。其二是宋元道教内丹学的兴盛，北派全真以王重阳及全真七子为代表提出先性后命；南宗以张伯端、白玉蟾为代表提出先命后性。南、北虽有性、命次序之争，但都性命双修，后由李道纯贯通南北、融合为一。

内丹修炼始于东汉魏伯阳的《周易参同契》，他在书中总结当时炼丹成就外，以乾坤喻人身，坎离喻药物，六十四卦喻火候，开创了人体丹术内炼的理论。[①] 内丹术汲取道学思想，以术弘道，以道统术，实现了对老庄之道的复归。[②] 这主要体现在三个方面。首先，内丹是逆施反演的体道之术。张伯端把老子的道论作为内丹的理论基础，他认为道自虚无生一气，一气产阴阳，阴阳和合成三体，三体重生万物晶。[③] 因此，人若想得道成仙就必须逆施造化，归三为二，归二为一，归一于虚无。也即炼精化气，炼气化神，炼神还虚。其次，"性"和"命"是内丹修炼的核心命题。李道纯言："夫性者，先天至神一灵

---

① 参见丁贻庄《从〈参同契〉到〈悟真篇〉》，《社会科学研究》1989 年第 2 期。

② 参见申俊龙、王秋菊、魏鲁霞《道教内丹术的现代生命价值》，《南京中医药大学学报》（社会科学版）2004 年第 3 期。

③ 参见（宋）张伯端等《悟真篇三家注》，石明辑注，华夏出版社 1989 年版，第 24 页。

之谓也；命者，先天至精一气之谓也。"① 这里的"性"代表所有的
"精神性生命"的范畴，包括人的心，性、神、意识、思维等"；
"命"代表所有的"物质性生命"的范畴，如身、命、气、精、形
等。② 内丹修炼是由后天之神、气返还先天之神、气，也即后天性、
命返还到先天性、命的过程。所以说丹道修炼实际上就是通过守精、
炼气、养神，最终使神气融化于虚空。最后，修道真诀在于忘我。白
玉蟾认为修道要诀全在一个"忘"字："要在忘我、忘心，忘性，忘
神，忘忘亦忘。"③ 在实际修道中要做到闭目见自己之目，收心见自己
之心，观我非我，观物非物，观心非心，观空非空，圣凡一体。如有
这种体验，金丹即告大成。马丹阳则教人用损、用忘，要事事休、放
心放念，以至于无为清静。④ 李道纯也倡导"忘我"之术，认为修道
要做到"忘其善恶，忘其有无，忘其难易，忘物忘形，忘情忘我，忘
其所自。一切忘尽，真一常存"⑤。

可见，内丹修炼的真诀在于忘我，通过善忘而得丹、体道。这尽
管在修炼方式上有所差异，但实质上与忘我之道、老庄之道相一致。
坐忘、心斋等受道家早期思想的影响较多，侧重心性修炼，讲究虚静
之境。内丹术则是在道家思想指导下，受三教合一思想的浸润，在注
重心性修炼的同时兼顾命功，实现性命双修。因此，内丹术亦是"忘
我"之术，只是其更为强调身体的参与程度，强调"炁"的生发与
运行，以及修习的程序更为繁复，可以视为忘我修炼的高阶功法。

第四节　忘我的心理学研究

对于道家忘我修炼的理论与实践，以往的研究较多的是从宗教、

---

① 参见汤一介《佛教与中国文化》，宗教文化出版社 1999 年版，第 101 页。

② 戈国龙：《道教内丹学中的"性命先后"问题辨析》，《中国哲学史》2001 年第 4
期。

③ 见《道德宝章》"天道"章注，载《钦定四库全书》子部十四，文渊阁藏本。

④ 转引自常大群《清净家风：王重阳与七真的丹法关要》，《道教研究》2009 年第 1
期。

⑤ 李道纯：《道德会元》，载《道藏》，第 12 册，第 644 页。

哲学、美学的视角进行讨论，研究更多聚焦在忘我的意涵、生命观以及人生境界等方面。由于文化的区域特性，国际上对道家忘我的研究也比较少见。德国汉学家卫礼贤（Richard Wilhelm）在 1929 年把丹学经典《太乙金华宗旨》翻译成德文，在欧洲产生重要影响，算是道家内丹学国际传播的先驱之一。另外，国际汉学家史华兹（Benjamin I. Schwartz）、葛瑞汉（Angus Charles Graham）对于道家思想的研究在学界也颇具声望，他们对道家忘我及虚静状态等有着较为简约的阐释，认为身心放松、隔绝万象、戒绝成见以及通过"气"的纯化等控制心境和调节呼吸的方式即可体道炼性，此种观点使人耳目一新。①但他们往往用线性思维以及"神秘主义"来解释道家虚静观，忽略了其背后道的哲学统摄和齐物等观的思想。总之，囿于对忘我理解的不一致、修炼方法尚未统一以及忘我境界的难以企及，国内外多数研究往往浅尝辄止。而在心理学层面研究忘我的成果更是少见。但在现有文献中，对与忘我相近的丹道气功研究较多，对忘我的心理功能的探讨也有少数涉及。下面就这两方面的研究进行阐述。

一　丹道气功的相关研究

学界对忘我的修炼技术的探讨并不多见，少数文献涉及忘我的内容和次第②，但具体的修习方法并无交代。在实践中，道家静坐和丹道气功的形式与内容接近道家忘我的修炼体系，可以在一定程度上视为类似于忘我的实践活动。静坐理论源于道家思想，一般认为与心斋、坐忘有较深的渊源，如郭沫若认为静坐非出于禅而是源于《庄子》的坐忘，并为宋明诸儒所重视。③同时，静坐一般也被内丹家视为筑基工夫。气功之法源自远古，道家援"气"入道后，气功得到发

---

① 参见［英］葛瑞汉《论道者》，张海晏译，中国社会科学出版社 2003 年版，第 229—233 页；［美］史华兹《古代中国的思想世界》，程钢译，江苏人民出版社 2004 年版，第 216—237 页。

② 参见土生平《试析庄子之"忘"》，《甘肃社会科学》1992 年第 1 期；孟周《庄子体道次第思想简述》，《国学论衡》2007 年第四辑；陈霞《"相忘"与"自适"——论庄子之"忘"》，《哲学研究》2012 年第 8 期。

③ 参见郭沫若《王阳明礼赞》，《郭沫若全集》历史编第三卷，第 288—301 页。

展与成熟①，其中内丹修炼是道家气功的典型代表。后来，气功通指调控呼吸以及锻炼人体内气的工夫，通过调身、调息、调心的方法，开发人体生命潜能的体育项目②，成为道、释、儒、医等诸家诸派的各种专气修养工夫的统称。

随着20世纪80年代“气功热”的兴起，国内外对于丹道气功的研究增多，其中出现了一批采用科学手段研究气功的成果，如，北戴河气功疗养院观察到，修炼周天功两个月后，呼吸频率、脑血流量均有明显下降趋势，命门穴和气海穴的温度则有增高趋势③；江西省气功研究课题组通过对10名通小周天的人员进行研究，发现功前和功中丹田、巨阙、命门、印堂、左劳宫等穴，皮温有显著差异，而不练功者则没有皮温上升的热效应④；浙江省中医院通过实验研究，结果证明周天功在治疗恶性肿瘤方面具有减低毒副作用和增强机体耐受化疗的能力。⑤随着“气功热”的消退，国内气功研究在20世纪末陷入低潮，气功研究反而被海外研究者注意，如日本学者采用脑电、红外遥感器、功能磁共振等技术研究气功师的气功运行和发放外气等课题。⑥中国台湾学者黄孔良等总结回顾世界气功科学的研究，并提出身心灵生命整体多相结构模型。⑦

此外，一些学者对气功练习者的心理效应进行研究。如，郭友军通过考试、握力等刺激，对练功与不练功的大学生考察生化指标尿内儿茶酸胺和皮质醇的变化，发现练气功有助于降低人类应激反应⑧；

---

① 参见杨福程《论气功的起源》，《体育文化导刊》1986年第6期。

② 参见杨柏龙主编《气功标准教材》，北京体育大学出版社2009年版，第1页。

③ 参见北戴河气功疗养院《周天功生理指标变化的观察》，《气功杂志》1986年第5期。

④ 参见江西省气功研究课题组《真气运行法的实验研究》，《气功杂志》1986年第5期。

⑤ 参见浙江省中医药研究所、浙江省中医院、杭州市湖墅地段医院《周天命门功治疗恶性肿瘤实验观察》，《气功杂志》1986年第3期。

⑥ 参见李小青、朱慧勤《近年来日本气功科学研究的近况》，《国外医学中医中药分册》2003年第5期。

⑦ 参见黄孔良、杨金仓、赵唯凯《气科学跨领域研究回顾——身心灵生命整体多相结构初探》，《中医内科医学杂志》2011年第1期。

⑧ 参见郭友军《气功对人类应激反应的影响》，硕士学位论文，中国科学院心理研究所，1989年。

谢世平、杨德森等通过经验观察的方法对气功态下感知觉变化进行考察，另外，他们还采用了问卷调查的方法对不当气功练习诱发精神障碍问题进行探讨。① 这里，需要特别提及的是中科院心理研究所的王极盛教授，他通过实验和问卷调查的方法对气功的心理效应作了大量的研究，并著有《中国气功心理学》一书。② 尽管他在当时的研究条件下存在诸多的困难与一些问题，但开创了国内气功心理学的研究范式，是该研究领域的集大成者。

虽然，这里的丹道气功的相关研究不能等同于忘我研究，但有关气功的概念、练习方法、入功状态等毕竟与忘我类似，对气功态的生理和心理层面的研究给忘我命题带来更多的认识与启发，为忘我的研究奠定了一定的基础。

二　忘我的心理功能研究

目前，从心理学的视阈直接研究忘我问题还比较缺乏。绝大多数研究者采用文献研究的方法来阐述论证忘我的心理健康功能。③ 也有少数研究者尝试采用实证的方法进行探讨，如，童辉杰认为"忘我"即"神合感"，并用实验研究证明忘我状态的存在④，在另外的一项研究中，童辉杰通过问卷调查的方法检验了忘我体验对抑郁情绪的调节作用⑤；魏玉龙则通过对被试坐忘状态下的脑电监测，发现坐忘状态下被试的脑部活动是介于睡眠与觉醒之间，呈现高能量低氧耗的状态，被试通过主动思维操作自我进入安静状态，从而主动调控心理活

---

① 参见谢世平等《气功态的心理调查》，《中国临床心理学杂志》1999 年第 4 期；谢世平、张心保、翟书涛等《气功所致精神障碍的临床研究》，《中国心理卫生杂志》2000 年第 6 期。

② 参见王极盛《中国气功心理学》，中国社会科学出版社 1989 年版。

③ 参见张宏如《庄子心理健康思想探析》，《社会心理科学》2002 年第 3 期；王大妹《庄子的"万物齐一"观及其心理保健意义》，《南京中医药大学学报》（社会科学版）2010 年第 4 期；李树军、张鲁宁《庄子"心斋"、"坐忘"思想与超个人心理学比较研究》，《河南社会科学》2011 年第 1 期。

④ 参见童辉杰《审美欣赏中"忘我状态"的实验研究》，《上饶师专学报》1991 年第 1 期。

⑤ 参见童辉杰《抑郁与忘我体验》，《神经疾病与精神卫生》2001 年第 1 期。

动的过程。① 近一两年，童辉杰的研究团队采用问卷和实验相结合的方法考证了坐忘对心理症状的干预效果和脑电生理指标，发现坐忘训练对于焦虑、强迫等症状的改善有着明显的作用，并且观察到在坐忘态下被试的 α、θ 波活动增强。②

已有研究对忘我的体验、功能，气功的心理效应、功能以及生理特点有了初步的探索，为后续开展纵深研究打下了一定的基础。但纵观这些研究，尚存在一些不足。首先是概念、方法等尚无统一标准。比如什么是"忘我"？训练的标准和依据是什么？坐忘、内丹、气功等有什么区别和联系？这些都没有统一的定义和详细阐述。其次是研究缺乏系统性。由于研究者对于忘我的理解不同，研究对象、训练方法以及研究目的各不相同，导致各自的研究相对孤立，无法形成相互的比较与佐证。最后是研究设计相对粗放。比如研究的区组设计、训练方法与时间的设定、相关变量的操控等尚无严格的控制。总的来看，从心理学视角来研究忘我相关问题还处于起步阶段，尚有许多的研究内容有待拓展、深入。

①　参见魏玉龙《坐忘态的脑电特异性》，中国针灸学会年会大会论文集 2011 年第 5 册，第 444—445 页。

②　参见童辉杰等《坐忘、正念、冥想治疗焦虑的心理与脑电变化研究》，《医学与哲学》2017 年第 9B 期；童辉杰等《坐忘对心理症状的干预效果及脑机制研究》，《中国特殊教育》2017 年第 9 期。

第二章

忘我的心理学研究构想

道家"忘我"思想在传统心性修养与体道悟真上具有重要地位，并对后来宋代的内丹学以及理学家的心性学说影响极大。它不仅成为传统知识分子的人生智慧和心灵寄托，也是当下人们追求身心健康、滋养精神以及度过危机等的优秀传统文化资源。然而，已有研究对于"忘我"与心理学的交涉往往浅尝辄止，缺乏系统、深入的系列探讨，更缺乏应用层面的探索。因此，对"忘我"命题进行跨学科研究的设计，引进现代心理学的理论和方法，深入探讨"忘我"的特质、机制以及对身心健康的影响，变得十分必要。

第一节　问题提出与研究意义

一　问题提出

当前的世界充满复杂性，一方面物质丰富、繁荣；另一方面竞争激烈，生活节奏瞬息万变，人在物欲尘俗之中容易迷失自我与本性，产生精神压力。而道家"忘我"思想主张少私寡欲、脱俗归真、自然无为，使人消除杂念，抚定情绪，排除外界不良刺激对内心的干扰，并在客观上降低了生命活动需要的能耗。从而保持了本性的圆满、精神的安宁，显示出应有的身心疗愈价值。但现有研究对于"忘我"的探讨还比较松散，多数文献从宗教、哲学、美学等视角讨论忘我的哲学意涵、人生境界和身心炼养的价值，而从心理学的视角进行的研究相对少见。故此，若想推进此领域的研究，亟须注意三个问题。

首先，对于忘我的构念及其操作需要统一规范。由于不同领域的研究各自的立足点不同，使用的基本概念不同，其对忘我的理解以及研究指向也不尽相同，导致忘我的相关研究难以形成一个深度、系统的理论。因此，若要对忘我进行深入的心理学研究并推向应用，需要对忘我的概念、操作定义以及内容和结构进行统一的阐释与构建。基于此，本研究试图从老庄"道"义出发，结合调查访谈，概括和提炼忘我的含义，并借此编制忘我问卷和发展忘我的训练方法，为后续的研究奠定基础。

其次，对于忘我的生理、心理机制展开深入探讨。忘我不仅是道家体道证悟的一种认知论，也是一种方法论，更是一种境界论。[①] 因此，忘我是一种复杂的心理过程和心理状态。如何忘我，以及忘我之后是一种什么状态，又会对身心产生什么样的影响，这些都有其内在的身心机制。所以，研究通过实验的方式对忘我状态的生理机制和心理机制进行探索，以探明忘我状态的发生机制。

最后，探明忘我对心理健康的促进作用。已有研究大多采用文献法来论述忘我的心理健康价值，但论证过于笼统和抽象，缺少实证数据的支持。目前，仅有少数学者尝试用实验和问卷的方法来研究忘我的心理功用，如：魏玉龙采用脑电采集技术对坐忘的身心健康价值进行研究[②]，童辉杰研究团队采用问卷和脑电采集技术对坐忘干预心理症状的效用进行了探索。[③] 这些研究表明，道家的忘我修炼有益于身心健康，但对于忘我采取什么样的训练方法，以及对心理健康产生什么样的作用却尚未得知。故此，研究通过统一的忘我训练标准以及问卷调查和内省报告相结合的方法，来探讨忘我对心理健康的促进作用以及忘我调节心理健康的机制。

---

① 参见罗宗强《从〈庄子〉的坐忘到唐人的炼神服气》，《传统文化与现代化》1993年第 3 期。

② 参见魏玉龙《坐忘态的脑电特异性》，中国针灸学会年会大会论文集 2011 年第 5 册，第 444—445 页。

③ 参见童辉杰等《坐忘、正念、冥想治疗焦虑的心理与脑电变化研究》，《医学与哲学》2017 年第 9B 期；童辉杰等《坐忘对心理症状的干预效果及脑机制研究》，《中国特殊教育》2017 年第 9 期。

二　研究的意义

现有文献显示，道家忘我对于修身养性具有积极意义。并且，道家忘我思想与西方一些心理学理论也存在某种互动与契合。[①] 因此，在倡导心理学本土化的当下，对忘我开展科学的研究显得十分必要。

（一）道家忘我与身心健康

一般认为，道家忘我修炼的心理功能有五个方面。首先是"静"，以静制躁。道家向来重视"静"的修持，所谓"致虚极，守静笃"，"唯道集虚"，"静为躁君"，都是老庄论道的精华。修道者通过外物斋心，逐步实现忘物、忘德、忘知、忘己，即可达到物我两忘、清静无为的境界。现代研究表明，虚静体验确实有益于改善神经系统的调节作用，改善情绪，增强人体机能，增进身心健康。其次是"真"，脱俗归真。道家"忘我"的本质是把世俗之我消解，去伪存真，从繁复的世俗中摆脱出来。使人放下各种挫折与困顿，实现返璞归真，回归到本初之心，使小我与大我得到统一。[②] 再次是"减"，也可称为"简"或"损"。即万物合三，三合二，二合一，一为道。自我主动少私寡欲、绝圣弃智、以简驭繁的解构过程，既使自己规避各种经验的桎梏，又使自我从杂乱的尘世中解放出来。复次是"顺"，也就是安时处顺，顺有守无。"有"与"无"皆自然而然，两者相生相成。"无"中生有，故曰守"无"才能常有；而"有"然后则归"无"，万物之道性，故"有"之而心不受累，方能顺达自然。最后是"悟"，证悟体道。道家"忘我"通过洗心息念、致虚守静、契真体道的过程，形成人法地、地法天、天法道、道法自然的人生历程，达到天、地、人、道融通合一的境界。这不仅使人体验到一种超拔于现实之上的超脱感和愉悦感，同时也参悟到解脱生死的道理以及逍遥乐道的超越精神。可见，关于道家忘我与身心健康的命题古来有之，值得我们去深入研究和探索。

[①] 参见吕锡琛《道学与西方心理治疗学的互动及其意义》，《哲学研究》2009年第2期。

[②] 参见罗贤、蒋柯《超个人心理学的自我及心理健康观》，《中国社会科学报》2017年9月11日第P006版。

（二）道家忘我与超个人心理学的契合

超个人心理学（Transpersonal Psychology）是 20 世纪 60 年代末至 70 年代初在美国兴起的一种心理学流派，自称是心理学的"第四势力"。其关注的是人类的潜能和终极能力，以及个人与外界的意义联系，主要研究超越自我限度、时空限度的更广阔的精神领域，故也有人称其为精神性研究。① 超个人心理学认为人在本性上不仅是心理、生理的结合体，更是精神性的体现，并且精神性更为重要。马斯洛在其晚年就需要层次理论增加了精神性层次，即超越性需求（Metaneeds），是指超越人性、自我及自我实现，以宇宙为中心的值得人们敬畏和献身的"大于我们的东西"②。认为只有达到精神层面的满足，才能对生活持有积极的态度，才能觉察自我存在的意义，甚至达到天人合一的境界。弗兰克尔认为人不管处于何种困境，精神生活的深化都是可能的，并且通过超越当前的理性认知来实现超级意义，最终达成自我疗愈。③ 因此，超个人心理学认为心理学不应当只关心自我和自我实现，还应当有更高的追求，寻求精神上的自我超越，研究个人自我与宇宙我的统一。④

超个人心理学的兴起，使心理学研究呈现焕然一新的面孔，是对现代心理学的有益补充。其对精神性的重要性论述以及突破个体边界使个体的"小我"统归于具有更高一层的、超越性的、普遍性的"大我"（或称"宇宙我"）的观点，都与道家忘我思想契合，形成隔空互动的局面。道家忘我无论是从认知论、方法论还是境界论，都秉承顺道守中、自然无为的原则，使自我从世俗中抽离出来，进而脱俗返真、超越自我，把天、地、人、道统合起来，使"小我"与"大我"合而为一。因此，对道家忘我进行心理学研究，不仅为道学传统赋予现代科学意义，也给现代心理科学带来理论创

---

① 参见卢川、郭斯萍《国外精神性研究述评》，《心理科学》2014 年第 2 期。

② ［美］马斯洛：《存在心理学探索》，李文湉译，云南人民出版社 1988 年版，第 88—101 页。

③ 参见［奥］弗兰克尔《追寻生命的意义》，何忠强、杨凤池译，新华出版社 2003 年版，第 121—122 页。

④ 参见李树军、张鲁宁《庄子"心斋"、"坐忘"思想与超个人心理学比较研究》，《河南社会科学》2011 年第 1 期。

新的价值。同时，更是为超个人心理学的理论体系的扩充与完善作出应有的贡献。

（三）道家忘我与心理学的本土化

现代中国的心理学来自西方，这种"西学东用"的做法使我们在短期内逐步建立与发展了心理科学，但其适用的局限性与弊端也逐渐显现。我们看到了西方心理学本身存在的一些不足与挑战、中西文化的差异性以及不断适应国情需求的本土化进程等问题。① 与此同时，西方一些心理学家如荣格、马斯洛等，开始吸收道学思想来创新和完善自己的理论体系，足见道家智慧的深邃与生命力。中国心理学界的本土化运动自 20 世纪 70 年代开始，至今有半个世纪。本土心理学在当下中国（包括大陆与港澳台地区）心理学学术界已经具有了一定的力量，但是其力量还相对分散。相较于科学心理学，其内容体系、研究方法、机构设置和队伍构成等方面仍处在相对薄弱的状态。②

道家忘我思想为我们提供了朴素的哲学观与人性观，解决了人与自然、人与社会、人与自己的连接关系，勾画了颇具东方特色的体道合真与天人合一的人生境界。"忘我"实际上就是体性抱神、无为复朴的过程，通过对外在物欲是非的摒弃和内在精神的纯化，从而回归到人的淳朴、本真的状态，其中蕴含了生命的超越与升华。所以，道家"忘"的心理学意味着心灵的净化、认知的重建、人格的重构以及精神的超越，这在现代社会背景下对于人们心理的健康和精神的安顿具有重要意义。在我国当前的发展背景下，借鉴西方心理学的科学做法，挖掘道家"忘我"中心性炼养与心灵安顿之良方，既是科学地满足人们不断增长的心理需求，也是弘扬与提升民族文化自信之责任。

可见，从心理学视角对道家忘我进行研究是一个新颖的课题，对它进行研究具有众多的意义。（1）发展忘我心理学的原创理论。

---

① 参见曾红《试论心理学所面临的挑战及其发展方向》，《山西大学师范学院学报》（社会科学版）2001 年第 3 期；吕锡琛《道学与西方心理治疗学的互动及其意义》，《哲学研究》2009 年第 2 期。

② 参见吕小康《中国心理学的本土化：源起、流变与展望》，《南开学报》（哲学社会科学版）2014 年第 6 期。

从心理学的视阈系统地讨论忘我对于身心健康的功用,以及忘我的心理机制、脑机制,这非常有利于发展忘我心理的原创性理论和临床疗法。(2)拓展了超个人心理学的研究领域。对忘我的概念、内容、操作技术进行提炼与规范,对其作用机制进行分析,并对忘我与禅修进行了辩证区别,这些都拓展了超个人心理学的研究范围。(3)推进心理学研究的本土化。中国传统文化对世界心理学具有重要影响,老庄的养生学说更可以看成中国本土的心理卫生学。① 对道家忘我的研究,有利于促进心理学研究的本土化,使传统文化的精髓发挥更大的效能。

第二节　研究的总体构思

一　研究目的

研究主要以道家忘我为研究对象,综合运用多种方法,探讨忘我状态下的生理、心理机制及其与心理健康的关系,以期达成如下目的:(1)阐明道家忘我的理论以及训练技术,编制忘我问卷,对道家忘我研究形成统一认识、规范训练、客观评估的局面;(2)探索忘我的内在机制,讨论在忘我状态下自我意识的水平、生理机制、脑机制以及对个体认知的积极影响等;(3)探讨忘我的心理促进功能,分析忘我与心理健康各因素的关系,以及不同忘我水平下心理健康因素的差异。

二　研究框架

研究在逻辑上依据"什么是忘我—忘我的机制—忘我与心理健康"的主轴线逐渐推进,旨在从心理学视角阐明道家忘我的特征与机制,探明忘我与心理健康的关系,为今后的临床应用和心理健康教育打下基础。研究内容主要包括五个方面。

---

① 参见童辉杰《中国心理学的困境:中国文化的救赎》,《心理技术与应用》2015 年第 1 期。

（一）忘我的本质及其测量

从老庄道论出发，对忘我的哲学继承以及后学著作的思想脉络进行文献梳理，结合忘我在当下道教心性炼养的日常伦用中的内化路径和外化形式进行分析，厘清忘我的"道""术"边界和修行功用，揭示出忘我的本质。进而形成忘我的操作性定义，并根据测量心理学的程序，编制忘我问卷，为后续研究做好基础工作。

（二）忘我状态的生理机制

忘我的过程是一个心理与生理变化的过程。生理是心理的基础，而心理上的变化又会影响生理上的变化，两者相互影响。因此，研究忘我必须要监测忘我状态下各项生理指标的变化（包括心率、呼吸、脑电、肌电等），以期寻找忘我状态下的生理特点与机制。

（三）忘我状态下的自我意识研究

从自我的视角看，忘我是自我意识在纵向和横向发生变化的过程，即自身在时空上觉察与处理"我"与自己、社会、自然的关系的过程。因此，探讨在忘我状态下个体自我意识水平的变化非常有价值。根据自我意识的分层结构特点，研究分两个层面进行考察，即在外显的层面和内隐的层面。

（四）忘我的认知去自动化研究

在忘我体道过程中，认知的介入是明显的，如"齐物等观"理念既是起修的工夫，又是通向证悟的桥梁。反之，忘我修炼对认知的改变会发挥怎样的作用呢？研究聚焦于忘我的认知去自动化领域，通过冲突任务实验采集行为数据，并使用脑电采集技术探索忘我促进认知的效用，特别是控制注意冲突和提升注意效能的作用。

（五）忘我与心理健康

忘我与心理健康的关系是研究考察的重点。研究使用自编忘我问卷以及相关心理健康问卷进行大样本测查，来考察忘我对心理健康的促进作用，并比较分析不同群体间忘我练习对心理健康促进效用的差异。同时，考虑到忘我训练的主观体验的特殊性，采用内省法对部分被试进行研究，作为问卷研究的佐证与补充。

三　研究的基本思路

研究主要围绕"忘我"这个核心概念展开相关研究。首先是理论构建，即通过文献梳理形成道家忘我的相关理论，厘清忘我的概念与结构，形成操作性定义。其次是根据文献的语义分析与相关人员的访谈，编制忘我问卷，作为后续研究的工具。再次是忘我的生理、心理机制的探索，即根据忘我理论制定具体的训练技术，采用行为实验、生物反馈、ERP 等方法对接受忘我训练的被试与接受不同方法训练的被试及对照组进行比较，通过对不同组别被试进行实验处理和分析，来考察忘我状态下的自我意识变化、生理机制和脑机制的状况以及与对照组的差异。最后是考察忘我训练与心理健康的关系，即通过自编问卷和相关心理量表对受训与未受训的被试进行测查，根据问卷得分结果，来分析忘我对心理健康的促进效应。具体的研究思路和方法见图 2 – 1。

四　研究的几个关键问题

本研究能否顺利进行，关键问题有三个。

（一）如何进入忘我状态

已有文献并未对忘我的训练理论、方法以及科学性进行系统明晰的阐述。因此，秉持什么样的理论和方法进行忘我训练，对于推进相关实验的顺利进行变得非常重要。研究通过对忘我文献的梳理以及对坐忘理论沿革的阐析，确定以坐忘功作为忘我修炼的方法，并对坐忘功的理论和方法作了明晰的阐述。

（二）如何确定、识别忘我的状态

研究忘我的生理、心理的机制，首先得确定什么样的心理状态是忘我；其次是在实验中如何识别、操作。针对于此，我们会在正式实验研究之前对长期进行坐忘、内丹修炼者进行访谈，并进行一定的预实验，去了解忘我修炼的各种基线水平。

（三）如何对待忘我状态的个体差异

忘我体验是一种主观体验，即使每个人报告其忘我体验是一样的，但其生理指标可能并不一样。这似乎是个很难解决的问题，因为生理水平的一致性与心理水平的一致性很难统一。既然忘我属于一种主观体验，那么心理真实应该优先被考虑。因此，我们在这个问题上只能审慎地采取以下措施：一是采用内省法来观测忘我状态的主观体验水平，即通过被试在忘我训练活动之后把自身的心理活动报告出来，加以统计分析；二是研究设计内隐实验，来观测不同忘我状态下的心理与行为。

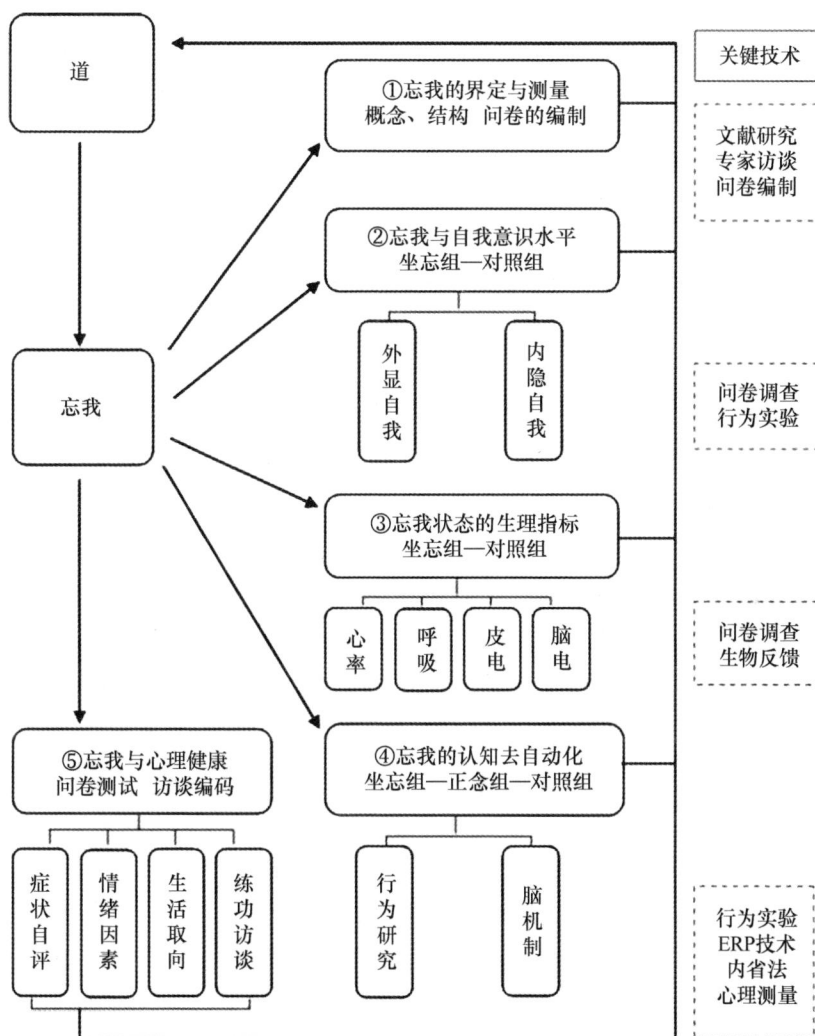

图 2-1　道家忘我的心理学研究框架图

第三节　研究方法

一　文献研究法

通过收集、鉴别、整理以往关于道家忘我的文献，概括和提炼出忘我的概念、结构、修习方法，借此来分析忘我的特点、内在机制以及忘我与心理健康的关系。

二　访谈法

研究通过一定的结构性内容对部分道士和道家研究者进行深度访谈，了解他们对于忘我的概念、理论的看法以及在忘我修习上的理解和做法。这些访谈对忘我的理论构建以及问卷的编制颇有意义。

三　调查研究法

研究采用自编问卷、健康自评问卷、情绪问卷等对相关研究人群进行问卷调查，收集数据并进行各变量的统计分析，以期探寻忘我与心理健康的关系。

四　实验研究法

为了探索忘我的心理机制，检验忘我的心理功能，研究设计了内隐自我实验、生物反馈实验、Stroop 实验，以及 ERP 实验，通过控制一些条件来探讨忘我与各变量的因果关系。因此，实验研究是本研究的重要手段。

五　内省法

由于忘我状态属于主观体验的范畴，如果纯粹从生物指标或心理测验来评估忘我所带来的心理功用会存在不足。因此，研究采用内省法对部分忘我练习者进行评估分析，即通过对忘我练习者的练功自我报告进行编码分析，来确认忘我训练所带来的各种影响作用。

第三章

忘我的结构及其测量

　　"忘我"的概念具有丰富的哲学意涵，在不同的学科视角与时代背景下有不同的理解。但这也容易造成学术藩篱，各执一端，不利于研究的普及推广，以及提高研究的生态效度。因此，若想对"忘我"进行跨学科研究，需要对"忘我"的概念、操作定义以及内容和结构进行统一的阐释与构建。在此基础上，借鉴心理问卷编制的理论和方法，编制和分析忘我问卷，使之成为客观有效的观测忘我特质的研究工具。

第一节　"忘我"的含义与构念

一　"忘我"的概念

　　前文述及，在道家思想中，"忘我"是一个重要的概念。需要指出的是，庄子的"忘"不同于世俗之人的"忘"，世俗之忘是指该忘的忘不了，不该忘的却忘了，这是一种自然之忘。庄子的忘也不同于弗洛伊德式的"动机遗忘"，即有目的地把一些事情遗忘，从而求得某些情绪或心理冲突得到规避，这是压抑之忘。庄子的"忘"是主动的、积极的，能在不消灭客体的前提下隔离、屏蔽非相关性因素，而敛纳、提升相关性因素，是个体炼性体道的途径和方法，是一种自觉之忘。① 这种"忘"并非囿于一时一地短暂的遗忘，而是人精神层面

_____

　　① 参见王生平《试析庄子之"忘"》，《甘肃社会科学》1992 年第 1 期。

的超越。通过主动而自觉的"忘",做到物我两行、乘物游心,使人从繁杂的世俗中解放出来,达到精神的自在。

"忘我"在《庄子》不同的篇目中的提法不尽相同。徐复观认为《逍遥游》的所谓"无己",即《齐物论》中的"丧我",即《人世间》中的"心斋",亦即《大宗师》中的"坐忘",名虽不同而义理相类或同属。① 这一观点也得到其他学者的支持。② 所谓"丧我"即"吾"丧"我",憨山大师注:"吾自指真我,丧我谓长忘其血肉之躯也。"③ 陈鼓应认为"吾丧我"是指摒弃成见之意,其中"我"指偏执之我,"吾"乃真我之意。④ "无己",意指没有偏执的我见,即去除自我中心,扬弃为功名束缚的小我,进而与天地精神往来的境界。⑤ 因此,无论"丧我"还是"无己",都是去除俗我与执见,返归真我的意识进阶过程。何谓"坐忘"?庄子在《大宗师》里这样描述:"堕肢体,黜聪明,离形去知,同于大通,此谓坐忘。"郭象注曰:"夫坐忘者,奚所不忘哉?既忘其迹,又忘其所以迹者,内不觉其一身,外不识有天地,然后旷然与变化为体而无不通也。"⑥ 成玄英疏云:"大通犹大道也,道能通生万物,故谓道为大通也。外则离析于形体——虚假,此解堕肢体也;内则除去心识悗然无知,此解黜聪明也。既而枯木死灰,冥同大道,如此之益,谓之坐忘也。"⑦ 此二公的注释均指出忘身与忘知,亦即身心两忘之意。至于"心斋",庄子在《人世间》篇章描述:"若一志,无听之以耳而听之以心,无听之以心而听之以气。听止于耳,心止于符。气也者,虚而待物者也。唯道集虚。虚者,心斋也。"可见,"心斋"就是"虚"的境界,亦即无我之境。要达到这种"虚"的境界,需要心志专一,用心去感受,但是主观感受毕竟带有知觉经验,可能会执着于我见,因此不用心去感

---

① 参见徐复观《中国人性论史·先秦篇》,第348—358页。
② 参见王博《庄子哲学》,北京大学出版社2004年版,第192—197页;陈林群《心斋、坐忘、逍遥与精神排毒》,《名作欣赏》2009年第6期。
③ (明)憨山德清:《庄子内篇注》,第41页。
④ 参见陈鼓应《庄子今注今译》,商务印书馆2007年版,第45—46页。
⑤ 参见陈鼓应《庄子今注今译》,第23页。
⑥ (清)郭庆藩:《庄子集释》,第285页。
⑦ 陈鼓应:《庄子今注今译》,第240页。

受而以气虚柔任物。

由上可知，"无""丧""斋""忘"，均训为至无，都是庄子对于"忘我"的不同层面的诠释。其中"无""丧"强调对俗我、己见的扬弃，侧重认知论的范畴，以求物论的齐同和物我的统一；"斋""忘"强调物存而相适相忘、专志而集虚，侧重于方法论和境界论的范畴，以达虚静的境界。因此，道家的"忘我"并非简单地忘掉自己的存在状态，而是通过物我平等和共存相适的认知理念使自我从繁复的外部世界中抽离出来并回归自然的过程。其实质是个体对主观世界的净化与重构，是对自我的一种解构和超越。简单地讲，所谓的"忘我"，即个体平等无偏地觉察当下的人、事、物及其与自身的关系，使自己从物我纠缠中摆脱出来，彼此共存而互不干扰，并由此逐渐放弃意识对内、外的监控，达成自我与宇宙自然融合为一的过程。这种"忘我"的体验，既可通过一定的练习而得到，也可能在生活中自然而然地体会到。

二　忘我的结构与次第

从逻辑上看，"忘"的主体是"我"，"忘"的客体是"我"所意识到的万物（社会、自然以及自己），"忘我"的发生即"我"对社会、自然的"视而不见，听而不闻"，以及对自己的认知经验的消减过程。这里包含内、外两个层面，即"我"（这里同"吾"）对外在的执着的否定与对内在的心理与意识活动之滞留的否定。正如陈霞所述，庄子相"忘"的过程总体上可以归纳为忘物、忘德、忘知、忘己四个方面，其逐次递进的关系是由外向内、由物到人、由身至心、由浅入深的相忘过程。[①] 这里忘物是指脱离外界物欲的诱惑，视物不见；忘德是摆脱仁义、礼乐等道德的束缚，放下道德评判；忘知是放弃囿于成见的知识经验与智巧，有而不用；忘己即摆脱了形累，了然生死，忘记自身的存在，直抵道性。所以，"忘我"是自我的一系列的解构过程，也即自我的返璞归真之路，其中齐物共存（把物、我回归到各自的本性上去认识，不作先验之见，彼此共存而互不干扰）的认知思想和忘我体道（逐渐放弃自我监控，渐次忽略自我对外部世界和

---

① 参见陈霞《"相忘"与"自适"——论庄子之"忘"》，《哲学研究》2012 年第 8 期。

对内部世界的信息加工，进入一种意识混沌状态，并获得直觉领悟）的证悟精神是其主要的两个阶段。齐物才能外物，外物才能忘我，忘我然后体道证悟。因此，道家"忘我"的过程实质上是完成了对自我的解构与超越，即从主观自我的"有"（旧有之我）到"无"（返真之我），再从"无"到"有"（新生之我）。

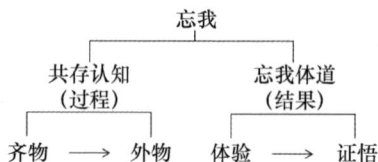

```
                    忘我
          ┌──────────┴──────────┐
       共存认知                忘我体道
       （过程）                （结果）
      ┌───┴───┐             ┌───┴───┐
    齐物 ──→ 外物          体验 ──→ 证悟
```

图 3 - 1　忘我的理论结构

　　如是，我们把"忘我"分成共存认知和忘我体道两个部分，前者为过程状态，后者为结果状态（逻辑关系见图 3 - 1）。以此构想，我们访谈了 15 位道长及道学研究者（其中浙江地区 10 位道长，另有中国台湾地区两位道长，另有台湾辅仁大学、台北大学等 3 位道学研究者），绝大多数意见认为忘我的关键在于"摄心拒外""了妄入定"，也就是传统所言的"治心"工夫，即持有什么样的心态来处理"我"与外部世界的关系。心安方能入于虚静，虚静才能忘我。这说明在实践中忘我也存在不同的内容构造和先后次序，先有对外部世界的认知，后有内部世界的静定与证悟。另外，他们认为忘我不仅是一种心理体验，也是一种生活态度和人生境界，若是长期受此影响，可以逐渐形成一种较为稳定的心理特质。可见，访谈的结果与理论构想总体上是相吻合的。

　　近年来的一些研究表明，忘我对促进身心健康方面有着独到的作用，它可以消除杂念，使情绪安定、身心放松，并在忘我过程中感受巅峰体验，超越自我。① 可见，忘我对身心健康的意义是显而易见的。

---

① 参见张宏如《庄子心理健康思想探析》，《社会心理科学》2002 年第 3 期；李树军、张鲁宁《庄子"心斋"、"坐忘"思想与超个人心理学比较研究》，《河南社会科学》2011 年第 1 期；魏玉龙《坐忘态的脑电特异性》，中国针灸学会年会大会论文集 2011 年第 5 册；童辉杰等《坐忘对心理症状的干预效果及脑机制研究》，《中国特殊教育》2017 年第 9 期。

不过，到目前为止，研究"忘我"的意义与价值的理论性文章较多，而直接研究和讨论"忘我"与心理健康的关系及其机制，把"忘我"引入心理咨询与治疗的方法和效果评估等的文章还比较少，特别是量化研究更是少见。其中一个重要原因是如何厘清"忘我"这个概念，以及如何对其进行测量缺乏研究。因此，若要对此领域进行深入探讨，考察"忘我"的机理及相关变量，必须明晰"忘我"的概念与结构，并依此编制一份研究问卷尤为重要。本研究以文献研究和访谈相结合的方法对"忘我"进行阐释，进而收集词条，形成问卷条目，并主要以大学生为样本，编制忘我问卷，为后续相关研究打下基础。

第二节　忘我问卷的编制

一　研究对象

样本1（初测）：通过方便取样的方式在浙江、重庆、新疆三地高校面对面发放问卷685份，收回612份，回收率为89.343%，剔除无效问卷52份，获得有效问卷560份，有效率为91.503%。另外，通过在线发布的形式，收回社会成人样本问卷51份，有效问卷47份，有效率为92.157%。两者共计有效问卷607份，总有效率为91.554%，其中男性181人，女性426人；18—20岁248人，21—25岁257人，26—40岁64人，41岁及以上38人。数据折半，一半用于初编问卷的项目分析和探索性因素分析；另一半用于验证性因素分析。

样本2（正式测试）：通过方便取样的方式在浙江、重庆、北京、甘肃四地高校面对面发放问卷387份，收回332份，回收率为85.788%，剔除无效问卷26份，获得有效问卷306份，有效率为92.169%。另外，通过在线发布形式，收回社会成人样本问卷57份，有效问卷51份，有效率为89.474%。两者共计有效问卷357份，总有效率为91.774%，其中男性116人，女性241人；18—20岁141人，21—25岁155人，26—40岁37人，41岁及以上24人。数据用于信度和效度检验。

二 题项的编制和预测

基于前文的构想,本研究对以道家忘我论述称著的《庄子》和唐代"坐忘"三篇(七阶《坐忘论》、形神《坐忘论》、《天隐子》)等文本为主进行取词。唐代"坐忘"三篇是古代论述坐忘的经典论著,是为问卷取词的重要材料。另外,本研究还结合了访谈的内容,以及参考了杜田丽自我弹性问卷中忘我维度的词条。① 使取词工作在古文献和现代理解上作了一些均衡。

首先,把上述文献和访谈中与"忘我"相关的所有词语与短句全部取出(不能直接摘录的,根据其意义概括成词或短语),并删除重复的词语或短句,形成初始词条库。其次,邀请1名"庄学"研究方向的教授对所有词条进行合并、删减、分类,作为问卷的初始条目材料(表3-1)。再次,请3位心理学专业研究生对条目库进行分析,删除歧义和不熟悉条目,初步形成42题组成的忘我问卷文本。最后,将初始形成的42题问卷发放给28位本科生进行测试,询问其填写问

表3-1　　　　　　　　忘我问卷编制的初始词条汇总表

类别		词条					
共存认知	齐物	功名利禄	贫富穷达	是非对错	非议褒贬	自我执念	天下
		处境	淡泊	简事	弃俗	真我	朴素
		视角	技巧	知识	规则	志趣	
	外物	伦理纲常	世俗之事	身体健康	放下过去	不计回报	生死
		面子	出身	物欲	仁义	杂念	外貌
		缺陷	安适	意气	思虑	心机	
忘我体道	体验	无所不忘	形如槁木	心若死灰	无欲无求	无所不定	忘掉时间
		恍惚若睡	身不着地	另一世界	身体轻灵	忘掉自己	抽离感
		心不动	形俱灭	幻境			
	证悟	慧照内发	妙不可言	精神愉悦	世界美好	万境皆虚	逍遥自在
		神清气爽	开悟	清静	神游		

① 参见杜田丽《自我弹性的研究:理论与实证》,硕士学位论文,苏州大学,2015年,第20—34页。

卷的感受，并根据他们对填写问卷的反馈情况，对其中的 5 题进行删除（被试认为这些题目与实际生活不符），留下 37 个题目。然后，根据探索性因素分析，多次探索问卷的因子结构，形成正式的忘我问卷。问卷共有 14 个题项，包含 3 个因子，采用 Likert 6 点计分（1—6分），评定个体对题项的符合程度，从"几乎没有"到"几乎总是"，评分越高，忘我程度越高。

三　效标效度问卷

（一）安适幸福感（Peace of mind，POM）

该问卷由李怡真编制①，适用于考察东方文化背景下强调内心平静的幸福感。共 7 个条目，采用 1（从不）—6（总是）6 级自评，最后求总分，分数越高，安适幸福感就越强。该量表在本次测量中的 α系数为 0.870。

（二）特质焦虑量表（Trait Anxiety Inventory，STAI – T）

特质焦虑量表由斯皮尔伯格（Spielbergei）等人编制，共 20 道题目，4 级评分，1、2、3、4 分别表示"很少""有时""经常""总是"。得分越高表明人格特质性焦虑倾向程度越高。中文版具有良好的信效度。② 该量表本次测量的 α 系数为 0.608。

（三）正念注意觉知量表（Mindful Attention Awareness Scale，MAAS）

正念注意觉知量表由布朗（Brown）和瑞安（Ryan）开发，对基于"当前的注意和觉知"概念的正念水平进行测量。③ MAAS 量表是单维度结构，包括 15 个题目，涉及日常生活中个体的认知、情绪、生理等方面。国内学者经引进修订，具有良好的信效度。④ 该量表本

---

① 参见 Yi – Chen，L.，Yi – Cheng，L.，Chin – Lan，H.，et al.，"The construct and measurement of peace of mind"，*J. Happiness Stud*，Vol. 14，No. 2，May，2013，pp. 571 – 590。

② 参见汪向东等编《心理卫生评定量表手册》（增订版），中国心理卫生杂志社 1999 年版。

③ 参见 Brown，K. W. and Ryan R. M.，"The benefits of being present：Mind – fulness and its role in psychological well – being"，*Journal of Personality and Social Psychology*，Vol. 84，No. 4，2003，pp. 822 – 848。

④ 参见陈思伏等《正念注意觉知量表（MAAS）的修订及信效度检验》，《中国临床心理学杂志》2012 年第 2 期。

次测量的 α 系数为 0.862。

四 正式施测

将正式版忘我问卷和安适幸福感问卷、特质焦虑量表、正念注意觉知量表共同发放给被试样本 2，回收问卷后用验证性因素分析和效标关联的方法确定问卷的结构效度、效标效度以及内部一致性信度分析。所有问卷作答均为集体施测，网络作答方式完成，所有问卷由主试在课堂上统一发放，现场做完后统一提交回收。

五 统计方法

采用 SPSS17.0 对问卷得分进行描述性统计分析、相关分析和探索性因素分析，以及信度、效度分析。采用 Amos17.0 软件进行验证性因素分析。

第三节 结果

一 初测结果

（一）项目分析

采用 37 题的忘我特质问卷，发放给样本 1 进行初测。并把 607份有效问卷进行折半，对其中的 303 份问卷进行分析。本研究采用"题总相关"、条目的临界比率、信度检验和共同性萃取等作为项目分析的方法。"题总相关"是指每个条目与问卷总分的相关性。目前，在采用"题总相关"的标准上并不一致，本研究选择把 0.32 作为"题总相关"的门槛标准，删除相关系数小于 0.32 的项目。[①] 临界比率值（CR 值）是将忘我总分按从高到低降序排列，前 27.00% 计为高分组，后 27.00% 为低分组，对两组样本在每个题项上的测量值进行独立样本 t 检验，检验其差异值是否达到显著水平（$p < 0.05$），统

[①] 参见赵必华、顾海根《心理量表编制中的若干问题及题解》，《心理科学》2010 年第 6 期。

计值不显著的条目可以考虑删除。接着，根据本次信度检验克伦巴赫 α 值，若题项删除后问卷信度系数上升的则考虑予以删除。最后，把问卷作为单因子进行同质性检验，若题项的共同值小于 0.10 或因子负载小于 0.32 的，则表明该题项可予以删除。[①] 综合以上 4 种方法，共删除 12 个题项，剩留 25 题。具体项目分析情况见表 3－2。

表 3－2　　　　　初测问卷项目分析摘要表（$n = 303$）

题项	极端组比较 决断值 CR（t）	题项与 总分相关	同质性检验 题项删除 后的 α 值	共同性	因素 负荷量	未达 标准 指标数	备注
1	−4.172**	0.282**	0.892	0.054	0.232	3	删除
2	−5.355**	0.264**	0.892	0.036	0.189	3	删除
3	4.355**	−0.239**	0.899	0.097	−0.311	4	删除
4	−7.381**	0.429**	0.889	0.125	0.354	1	保留
5	−6.260**	0.376**	0.890	0.084	0.290	2	删除
6	−5.573**	0.357**	0.890	0.099	0.315	2	删除
8	−8.489**	0.450**	0.889	0.138	0.372	1	保留
10	−2.618*	0.154**	0.894	0.006	0.075	4	删除
11	−5.410**	0.349**	0.891	0.059	0.242	2	删除
12	−8.206**	0.466**	0.889	0.142	0.376		保留
13	−7.104**	0.425**	0.889	0.112	0.334	1	保留
14	1.916	−0.107	0.896	0.037	−0.192	5	删除
15	−7.143**	0.369**	0.890	0.093	0.305	2	删除
16	−7.474**	0.453**	0.889	0.124	0.353		保留
17	−7.603**	0.414**	0.890	0.086	0.294	2	删除
19	−8.531**	0.423**	0.889	0.092	0.304		删除
20	−8.579**	0.478**	0.889	0.129	0.360	1	保留
21	−6.035**	0.372**	0.890	0.089	0.299		删除
判标准则	≥3.000	≥0.320	≤0.892	≥0.200	≥0.320		

注：此表中不是最后留下的 25 个题项，而是经项目分析后确定需要删除或保留的题项。

———————————

[①] 参见吴明隆《问卷统计分析事务——SPSS 操作与应用》，重庆大学出版社 2010 年版，第 184—187 页。

（二）探索性因素分析及因子的命名

采用主成分分析法，并进行 *Equamax* 旋转，对剩下的 25 个项目进行探索性因素分析。首先，考察对数据进行探索性因素分析的适当性。统计结果显示，KMO 值为 0.881，Bartlett 球形检验值为 2119.729，自由度为 91，$p < 0.001$，表明数据适合进行因素分析。其次，遵循以下标准筛选因子和问卷项目：第一，因子特征根必须大于 1；第二，结合累积解释率大小和碎石图形状来考虑；第三，删除在公共因子上的最大载荷小于 0.45，共同度小于 0.40 的题目；第四，题项有跨因素负荷且负荷值大于 0.40 的予以删除；第五，保证每个因子下至少包括 3 个题项。

表 3 - 3   忘我问卷探索性因素分析结果表（$n = 303$）

题项	因素		
	忘我体验	共存认知	证悟
T31	0.852	0.056	0.208
T29	0.831	0.061	0.188
T28	0.823	0.089	0.147
T33	0.765	0.067	0.385
T32	0.739	0.014	0.337
T30	0.726	- 0.045	0.312
T25	0.137	0.789	- 0.013
T8	0.024	0.770	- 0.009
T 26	- 0.018	0.686	0.093
T19	0.068	0.642	0.080
T24	- 0.057	0.590	0.297
T37	0.143	0.089	0.820
T35	0.389	0.159	0.789
T 34	0.396	0.093	0.745
特征根值	4.106	2.510	2.413
贡献率（%）	29.331	17.927	17.234
累积贡献率（%）	29.331	47.258	64.492

根据上述标准，经过多次探索，最终删除 11 个题项，保留了 14 个题项，共抽取 3 个因子，累积解释率达到 64.492%，因素分析结果见表 3-3。第一个因子的特征根值为 4.106，解释率为 29.331%，共有 6 个条目；第二个因子的特征根值为 2.510，解释率为 17.927%，共有 5 个条目；第三个因子的特征根值为 2.413，解释率为 17.234%，共有 3 个条目。综合考虑 3 个因子的内容及其内在联系，分别命名为：忘我体验、共存认知、证悟。忘我体验主要指个体短暂地阻断意识与形体、外部世界的联系之后的一种主观上的虚空体验，即感觉不到事物和自我的存在，比如忘记身体、忘物、忘时等。共存认知是指平等、无偏见地看待自我与他人、外物的一种认知方式与态度，即平等地看待物、我、他人并和谐共处，比如淡泊名利、齐物等观等。证悟是个体对自我和世界获得超越性认知的一种直觉感悟，比如开悟、精神自在等。

二　正式问卷测查结果

(一) 问卷得分情况

采用 14 题正式问卷对样本 2 被试进行测试，对其中 357 份有效问卷进行分析，问卷各因子及总体情况见表 3-4。其中，共存认知的得分最高 (3.686±1.014)，证悟得分次之 (3.106±1.244)，忘我体验得分最低 (2.568±0.971)。

表 3-4　　　正式问卷各因子及总分的得分情况表 ($n=357$)

因素	条目数	$M \pm SD$
忘我体验	6	2.568±0.971
共存认知	5	3.686±1.014
证悟	3	3.106±1.244
总体均分	14	3.082±0.821

(二) 信度分析

考察问卷的信度一般使用内部检验和外部检验相结合的方法。本研究首先采用内部一致性系数 (Cronbach α) 考察问卷的信度。经分析，整体问卷的 α 系数为 0.858，三个因子的 α 系数在 0.841 和 0.880 之间（详见表 3 - 5）。

表 3 - 5　　　　　问卷的信度分析结果表（n_1 = 357，n_2 = 39）

信度	忘我体验	共存认知	证悟	总体均分
内部信度	0.880	0.852	0.841	0.858
外部信度	0.694	0.785	0.736	0.738

注：n_1 为内部信度分析样本，n_2 为重测信度分析样本。

另外，采用方便取样原则，选取正式施测中的大学生 39 人作为被试（其中女生 25 人，男生 14 人，平均年龄 20 岁），间隔 3 周后重测。作为外部信度考察之用。两次施测时题项的排序有所不同。问卷的整体重测 α 系数为 0.738，三个因子的系数在 0.694 和 0.785 之间（见表 3 - 5），总体上问卷的稳定性较好。

（三）效度分析

1. 结构效度

研究采用样本 1 的另一半数据（n = 304）使用 Amos17.0 软件对问卷三因素的结构进行验证性因素分析。结果显示，忘我问卷由三个因子（F1 为忘我体验，F2 为共存认知，F3 为证悟）构成，具体模型见图 3 - 2。验证模型的各项拟合指数情况：x^2/df 值为 2.345，*RMSEA* 值为 0.067，*RMR* 值为 0.081，*AGFI* 值为 0.892，*GFI*、*NFI*、*IFI*、*TLI*、*CFI* 等指数值均在 0.900 以上（详见表 3 - 6）。总体上三因素模型（M1）的各项拟合指数值较为合理，显示先前的探索性因素分析结果得到验证。

研究为了检验 M1 是否最优模型，把证悟因子与忘我体验因子进行合并，形成二因素模型（M2）；另外，把三个因子全部合并，形成单因素模型（M3）。结果，M3 各项拟合指标较差；M2 的各项拟合指标与 M1 较为接近，但 x^2/df 指数为 3.179（一般卡方自由度比在 1 和 3 之间较为合理），拟合度不够理想；而 M1 的各项拟合指标都是最优的（详见表 3 - 6）。可见，忘我问卷的三因素结构得到另一半数据的有力支持，具有较好的结构效度。

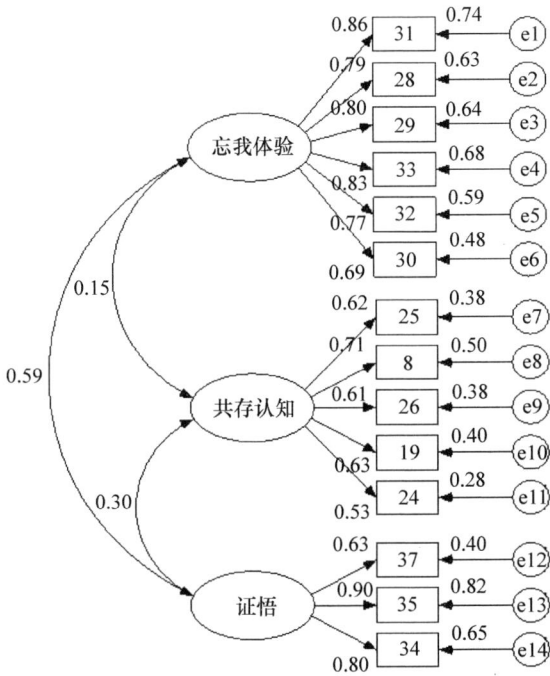

图 3 - 2　忘我问卷的三因素结构验证分析图

表 3 - 6　　　　忘我问卷的三因素、二因素及单因素模型验证性

因素分析结果表 （n = 304）

模型	χ^2/df	RMR	GFI	AGFI	NFI	IFI	TLI	CFI	RMSEA
M1	2.345	0.081	0.924	0.892	0.917	0.950	0.939	0.950	0.067
M2	3.179	0.083	0.925	0.885	0.911	0.937	0.919	0.937	0.085
M3	8.375	0.221	0.719	0.617	0.690	0.717	0.663	0.715	0.156

2. 效标关联效度

研究把特质焦虑量表、安适幸福感、正念注意觉知量表作为效标效度问卷进行考察。其中，特质焦虑作为负相关变量，对应忘我的去躁入静的功能。安适幸福感问卷考察具有中国文化背景下内心的安宁感，正念注意觉知量表考察正念水平，此两者皆与忘我的"静定"具有一定的关联性，因此作为正相关变量来考察。

把上述问卷连同忘我问卷发放给样本2，对其中的357份有效问卷进行分析。结果显示，忘我问卷的三个因子与焦虑俱呈显著的负相关；与安适幸福感、正念注意觉知呈显著的正相关，具体见表3－7。相对而言，在忘我的三个因子中，忘我体验因子与几个效标变量（特质焦虑、安适幸福感、正念注意觉知）的相关性较弱（分别为－0.300、0.170、0.153）。结果表明，忘我问卷具有较好的效标效度。

表3－7　　　　　**忘我问卷与特质焦虑、安适幸福感、**
正念注意觉知之间的相关性表（$n = 357$）

因素	忘我体验	共存认知	证悟	忘我总分
特质焦虑	－0.300[**]	－0.461[**]	－0.485[**]	－0.513[**]
安适幸福感	0.170[**]	0.346[**]	0.381[**]	0.362[**]
正念注意觉知	0.153[**]	0.304[**]	0.300[**]	0.309[**]

第四节　讨论

一　忘我的结构探析

由探索性和验证性因素分析结果表明，忘我是一个由三因子组成的结构。这与前文的理论构架大体相似。三个因子，即共存认知、忘我体验、证悟，构成了忘我的三个方面，这也与忘我的概念相吻合。从数据分析的角度看，三者是相对独立的，但从忘我的理论来看，三者具有一定的关联性。其中，共存认知是基础，属于过程态；忘我体验和证悟是目的，属于结果态。正如前文所述：齐物才能外物，外物才能忘我，忘我方能体道证悟。可见，道家的“忘我”并非一般意义上的遗忘，而是通过平等地看待自我与外物及其相互关系，使自我与外物和谐共存、互不纠缠，进而让精神世界处于一种超越现实的物我两忘的境界。

以往对忘我的阐述和论证，大多聚焦在“忘”境上面，强调了“忘掉”的属性以及由此带来的好处。如童辉杰通过实验的方式验证了忘我状态的存在以及对自我满意感的效用①；孟周认为"忘我"的主要功能是因"忘"而带来的"凝神"和促进"直觉"的作用。② 这些观点无疑是重要的，它们强调了道家忘我思想中"忘"的重要性，以及忘我对超脱世俗的功用的重视。从本研究的结果看，忘我体验本身虽然与几个校标问卷的相关性达到了显著的水平，但忘我体验与特质焦虑（−0.300）、安适幸福感（0.170）、正念注意觉知（0.153）的相关系数都比较低，处于弱相关水平。这预示着忘我体验本身可能并非忘我的核心内容。忘我体验来自"忘"，即忽略或放弃了对内、外世界的关注，使自身的正性、负性信息的加工都变弱，甚至于"无"。它是个体在忘我状态下的自我监控水平的反映，既是共存认知之后的心理状态，又与随后的证悟存有一定的关联性（$r = 0.59$，见图 3 −2），具有一定的工具属性。

在数据分析中，与忘我体验因子不同，达到"忘我"之前的认知活动（共存认知）以及忘我体验所带来的直觉领悟（证悟）反而与校标问卷的相关性更高，他们与焦虑有着更高的负相关，而与安适幸福感、正念注意觉知有着更高的正相关（具体见表 3 −7）。这表明单纯寻求忘我体验的价值比较有限，而由忘我活动所促进的认知改变以及精神层面的超越更值得重视。这其实与道家忘我体道的宗旨是相吻合的——"忘"而证道。"忘"并非道家的最终目的，通过"忘"使自我进入"虚静"的状态，并获得超拔于现实的证悟才是真正的目标。正如白玉蟾所言"若还纯寂灭，终是落顽空"（《修道真言》）。可见，要想修得忘我境，共存认知的外物本领不可或缺，这既是忘我体道的基本前提，又在后续不断的证悟中得到圆融精进。

二　忘我问卷的检验及应用

研究根据心理测量学的一般原则编制了忘我问卷。问卷的探索性与验证性因素分析均为三因素结构，这与事先的理论构想总体上相近。信度、效度分析的各项数据指标均较为合理，表明问卷具有较高

---

① 参见童辉杰《审美欣赏中"忘我状态"的实验研究》，《上饶师专学报》1991 年第 1 期。

② 参见孟周《庄子体道次第思想简述》，《国学论衡》2007 年第四辑。

的质量。忘我问卷的编制，明确了道家忘我的内涵以及总体原则，探明了道家忘我的结构及其逻辑关系，使忘我的理论落到实处，使忘我的相关研究具有实操性。同时，其效标关联分析的结果显示，道家忘我与焦虑负相关，而与安适幸福感、正念注意觉知正相关，证明了忘我在身心健康方面的积极作用。

忘我问卷有着良好的信度、效度，既可以在研究和实践中对忘我状态进行评估以及进行相关的实证研究，也可为忘我特质的训练和提升提供相关的内容依据和效果评估的工具。这些都为今后进行忘我的相关研究带来了便利。需要指出的是，本问卷的条目内容主要来自古典文献和道家修习人士的访谈，尽管在编制时经过现代语言的转换并进行测试，但其普适性尚需要今后在实际应用中进一步验证。另外，本次研究对象主要为大学生，并且女性占多数，所得结果是否具有广泛的代表性也需要进一步的确认。

第五节　小结

研究阐明了忘我的概念与结构，并根据相关文献和访谈结果编制了忘我问卷。通过理论推演和因素分析，得出两点结论。

（1）忘我由共存认知、忘我体验、证悟三个因子构成，三因素结构与忘我的概念相吻合。其中，共存认知是进入忘我状态的基础；忘我体验是忘我状态下的自我监控的反映，具有一定的工具属性；证悟则是忘我的结果。

（2）忘我问卷有着良好的信度、效度，既可以在研究和实践中对忘我状态进行评估以及进行相关的实证研究，也可为忘我素质的训练和提升提供相关的内容依据和效果评估的工具。

第四章

忘我状态的生理特征

忘我可以坐忘为道术，把身体、生物能量、意识活动逐渐整合为一，使个体体验天人合一的道学境界。然而已有文献大多聚焦在忘我状态的境界描述，对于忘我的具体修习方法以及忘我状态的生理机制没有述及。本章根据文献整理出坐忘功，并对短期练习者忘我状态的各项生理指标进行监测与分析讨论。此举旨在促进人们对于忘我状态的客观认知，也借此推进忘我研究的科学化。

第一节　引言

心理和生理密不可分，生理是心理活动的基础。因此，用生理心理学的观点和方法研究心理现象和行为，是当代心理学的一个重要的研究取向。[①] 目前，常用的生理指标主要有基本生命体征指标和生物电信号，前者包括心率、血压、呼吸、脉搏等指标，后者包括肌电（Electromyography，EMG）、脑电（Electroencephalography，EEG）以及眼电（Electrooculography，EOG）等信号。[②] 生命体征指标多与周围神经系统密切相关。其中，心率的波动与交感神经和副交感神经的活

---

① 参见彭冉龄主编《普通心理学》，北京师范大学出版社 2001 年版，第 27 页。

② 参见 Nam，Y.，et al.，"GOM—face：GKP，EOG，and EMG—based multimodal interface with application to humanoid robot control"，*IEEE Transactions on Biomedical Engineering*，Vol. 61，No. 2，2014，pp. 453－462。

动密切相关。[①] 呼吸既受中枢神经系统的调节，也受自主神经的调节，不同的呼吸方式不仅对人体生理功能会产生不同影响，还可以反映神经活动的状态。肌电是由多个活跃运动单元发放的动作电位序列沿肌纤维传播，并经由脂肪/皮肤构成的容积导体滤波后，在皮肤表面呈现的时间和空间上综合叠加的结果。[②] 肌电是一种非平稳的微电信号，它比肢体运动一般超前 30—150 ms 产生，其幅值在 0.01—10 mV，主要能量集中在 0—500 Hz。[③] 随着表面肌电（surface electromyography，sEMG）采集技术的成熟，肌电正被广泛应用于生物医学以及运动意图识别等领域。[④]

脑电波是一种复杂的生物系统，是人体神经元间相互作用的体现。就其频率特性而言，脑电波反映的是大脑皮层连续的节律性的电位变化，若从其振幅特点来讲是一组非线性非周期性的复杂时间序列。[⑤] 成人脑电波成分 δ 波（delta）0.5—3.5Hz、θ 波（theta）4—7Hz、α 波（alpha）8—13 Hz、β 波（beta）14—30 Hz 及 γ 波（gamma）>31 Hz。其中，δ 波和 θ 波是成人分别在深睡和困倦或浅睡时记录到的慢波，代表大脑皮层的一种抑制状态，成人在放松冥想状态也可记录到清晰的 θ 波；γ 波是由注意或感觉刺激引起的一种低幅高频波；成人在安静闭目时出现较多 α 波，以顶枕区最明显。当情绪紧张、思考问题或睁眼时，α 波受到抑制甚至消失（在黑暗的房间里也

---

① 参见李莉等《迷走神经兴奋对 HRV 的影响及其机制的初步分析》，《中国应用生理学杂志》1997 年第 3 期；庹焱《心律变异性研究进展》，《国外医学》（生理、病理科学与临床分册）2001 年第 4 期。

② 参见 Farina, D., et al., "The extraction of neural strategies from the surface EMG", *Journal of Applied Physiology*, Vol. 96, No. 4, 2004, pp. 1486 – 1495。

③ 参见 Chu, J. U., et al., "A supervised feature – projection – based real – time EMG pattern recognition for multifunction myoelectric hand control", *IEEE/ASME Transactions on Mechatronics*, Vol. 12, No. 3, 2007, pp. 282 – 290。

④ 参见 Ngeo, J. G., et al., "Continuous and simultaneous estimation of finger kinematics using inputs from an EMG – to – muscle activation model", *Journal of Neuro Engi – neering and Rehabilitation*, No. 11, 2014, p. 122；佟丽娜等《基于多路 sEMG 时序分析的人体运动模式识别方法》，《自动化学报》2014 年第 5 期。

⑤ 参见袁蒋伟等《脑电波的统计特性》，《浙江大学学报》（理学版）2007 年第 1 期。

是如此），产生去同步化的 β 快波。[①] α 波是正常成人脑电波的基本节律，有 80% 正常人的脑电图以 α 波节律为主。[②] 有研究显示，脑波处于 α 段时，人体进入"放松性警觉"状态，主观感觉舒适、放松。在那些正以某种方式入静的放松者中间，脑波 α 成分有序化逐渐增强，而忧虑者则很少出现 α 波，代之以频率较高的 β 成分。[③] 因此，α 指数可以作为放松状态和情绪表现的指标。

道家忘我思想讲究去躁入静，所谓"致虚极，守静笃"，"归根曰静，静曰复命"，都强调"虚静"的重要性。因此，通过坐忘、心斋等法来摆脱纷扰，入于虚静，回归本真。已有研究表明，坐忘状态是介于睡眠与觉醒之间的生命状态，脑电监测到 α、θ 波活动增强。[④] 另外，在对气功静坐类的一些研究中发现，练功中会出现感知觉、智力、情绪的变化。[⑤] 可见，道家静修类活动的生理和心理的特点与普通生命状态不同。因此，研究道家忘我的心理机制，必然要了解和探明其生理上的特点与机制。本研究结合实际情况，以心率、呼吸、肌电、脑电等为指标，探索在忘我状态下各项生理指标的水平及其变化的特征。

第二节　方法

一　被试

本研究的被试均来自高校公选课的学生，学生来自全校的不同专业，按照自愿的方式参与实验（是否参加实验与课程成绩无关，不愿

①　参见王光平等《脑电 α 波及 α/θ 波反馈训练在临床和心理保健中的研究与应用》，《中国现代医学杂志》2011 年第 5 期。

②　参见冯应琨编《临床脑电图学》，人民卫生出版社 1980 年版，第 37—39 页。

③　参见［苏联］斯米尔诺夫、鲁利亚《心理学的自然科学基础》，李冀鹏、魏明庠译，科学出版社 1984 年版，第 113—120 页。

④　参见魏玉龙《坐忘态的脑电特异性》，中国针灸学会年会大会论文集 2011 年第 5 册；童辉杰等《坐忘对心理症状的干预效果及脑机制研究》，《中国特殊教育》2017 年第 9 期。

⑤　参见王极盛《中国气功心理学》，载谢世平等《气功态的心理调查》，《中国临床心理学杂志》1999 年第 4 期。

参加者另外安排教学班，师资与教学内容相同）。所有被试均未受过打坐、冥想的练习，随机把被试分入各个实验小组，其中坐忘组20人，女生11人，男生9人，年龄为21.060±1.615岁；对照组20人，女生12人，男生8人，年龄为20.692±1.324岁。坐忘组被试编入《坐忘与养生》课程班，对照组被试编入《大学生心理健康》课程班。公共选修课的课时安排为3节/周，共10周，实验小组从课程第1周组建，共进行10周的相应练习，第11周接受实验。到正式试验时，有3名学生因故退出实验（其中对照组有1名男生1名女生退出，坐忘组有1名男生退出），最后共有37名学生参与实验。

二　材料与器材

实验的干扰刺激设定强度为95dB，时长为60ms的"白噪音"，"白噪音"时间间隔为20秒，共3次，程序由E-prime 2.0软件编制运行。实验所有生理指标（包括心率、呼吸、肌电、脑电等）的数据用Infiniti3000A多参数生物反馈仪采集。采样共模抑制比（CMRR）为110db，采样位数：14位。采样频率EMG通道≥2048Hz，EEG≥256Hz；通频带：EMG≥25Hz—450Hz，EEG≥2Hz—40Hz。

三　实验程序

被试坐于安静、舒适的放松训练室内，室内温度25±1℃。分别连接肌电电极于前额肌肉的肌腹上；脑电电极置于Cz点以及两个耳垂；呼吸和心率置放在右上（RA）：胸骨右缘锁骨中线第一肋间，左上（LA）：胸骨左缘锁骨中线第一肋间，左下（LL）：左锁骨中线剑突水平处。

一切就绪后，主试引导被试放松安坐2分钟。接着被试按事先的训练任务行事，对照组保持闭眼休息状态（不能睡着），坐忘组开始练功，此阶段持续15分钟时间。此后，在15分0秒01、15分20秒01、15分40秒01三个时间点，电脑会自动发出强度为95dB，时长为60ms的"白噪音"。前两个时间点白噪音为实验干扰刺激音，最后一个刺激音为实验结束提示音，随后实验结束。

四　忘我训练：坐忘功

本研究用于进入忘我状态的方法是坐忘功（坐忘练习法）。坐忘功是基于前文对坐忘的论述的基础上发展而来的（详见第一章有关"坐忘"的论述），即在理论上以坐忘本论为主，以唐代三篇《坐忘论》与内丹典籍《太乙金华宗旨》为辅，修习方法结合了陈撄宁的"庄子听息法"[①]、伍止渊的"虚实静功"[②] 以及王松龄的"清静功"[③]的观点形成的坐忘练习法。

坐忘功的理念与忘我的概念相一致。在练功的初始阶段注重齐物、外物的工夫，平等无偏地察人观物，相适相忘；继之意念内守，渐次忘物忘我；最后达到物我合一，精神自在，体道证悟。具体做法主要包括"练气""观光"和"合一"三个核心内容。"练气"的基本步骤：首先是听息入静，即用齐物等观之法平虑息念，使身、心、息处于放松自然的状态（姿势坐、卧、立皆可），用心数息，内观气息运行；其次是意守丹田，让呼吸与心意接合于下丹田，感觉一呼一吸皆源自于此归于此。"观光"是在练气的基础上用意念关照双目之间，观察此区域的光影变化，有则顺之，无则候之；待"光"的形、质稳定后可以此"光"沐浴身心，直至只见其光，不见其身。"合一"是指在前两步基础上，让所观之"光"（性光）与天地之"光"（日月星辰）融合为一。收功时把余光就近收入上、中、下丹田，收纳封实即可。

练习时要循序渐进，以息念遗虑，脱俗归真，入于清静虚空为上。但不管练到什么程度，每次练习结束前均需把意、气、光收纳于丹田。整个练习过程遵循两个基本原则。一是齐物等观的认知思想，遵循万事万念各有道源，依道而运，各行其是，因此不执分别之心，但求共生并存，互不扰动，以获得自在逍遥。二是不用强，要顺其自然。

研究以公共选修课为平台，教授坐忘组被试练习坐忘功，每周集

---

① 陈撄宁：《道教与养生》，第316—321页。
② 张剑鸣：《虚实静功》，第264—276页。
③ 赵继承编：《王松龄气功养生法》，第34—41页。

中练习一次（45 分钟），其他时间要求被试每天练功 15 分钟以上。对照组的练习为闭目养神，即尽量让自己处于安静放松而不要睡着的状态，要求被试每天闭目养神 15 分钟。至实验前，坐忘组被试反馈人均练功 3.126 次/周（包括集中练功那一次），对照组被试反馈人均练功 3.920 次/周。

五　忘我状态的确定

什么状态是忘我状态？《庄子》文中描述了"堕肢体，黜聪明，离形去知，同于大通"的情形，《坐忘论》则描述了"形堕道通，与神合一，形神合一"的状态。总的来说比较抽象，在现实中不容易操作。针对于此本研究对 12 位道长（见第一章）进行访谈，他们描述进入忘我状态会有一些奇妙的体验，各人的经验可能不同。在这些描述中，有下列五种情形值得关注：一是隔离放空（12 位提及，支持度 100.000%），感觉外部世界与自己很遥远，无心无念；二是欢愉感（12 位提及，支持度 100.000%），感觉身心放松，精神愉悦；三是物我融合（11 位提及，支持度 91.667%），感觉自己与天地万物融合为一体；四是证悟（9 位提及，支持度 75.000%），即在功中获得某种超拔于现实的感悟；五是超觉（8 位提及，支持度 66.667%），即在功中出现感觉超敏，经常出现虚幻之相。

这些描述与忘我的含义总体相符，但就此要对忘我状态进行统一规定还是比较困难。因此，我们采取主观评定的方式来探索练习者忘我状态的时序特点，为研究的相关操作提供便利。即通过向练习者讲解忘我状态的特点（包括上述访谈内容），再让其对自己练功状态在练功的时间序列上进行最佳状态的评定（5 点评分：1—前期，2—中前期，3—中期，4—中后期，5—后期）。研究对 95 名练功新手和 19 名练功老手进行评估，结果新手的最佳忘我状态接近于练功中期时段（平均值为 2.855），老手的最佳忘我状态接近于练功中后期时段（平均值为 3.825）。总体上练习者的最佳忘我状态接近于练功中期时段（平均值为 3.282）。

六　数据的处理

数据收集与处理使用 BioGraph Infiniti 软件，对肌电所测原始数据进行均方根处理，对脑电各波段计算功率值，最后用 SSPS 17.0 对数据进行分析。

第三节　结果

一　忘我状态下心率的变化特征

研究对两组被试的心率在不同时间点上进行观察分析。因为前面对练习者忘我状态的调查中，练功的最佳状态大约在练功的中段时间。考虑到平时自由练功的时间为 15 分钟，以及顾及练功初始状态的干扰因素，因此把 15 分钟的任务分成前（3—5 分钟）、中（8—10 分钟）、后（13—15 分钟）三个观察时段，把后面添加"白噪音"干扰刺激的 40 秒时间分成前（15 分 01—20 秒）、后（15 分 21—40 秒）两个观察时段，合并有 5 个时段的数据参与分析，实际采用数据为每个时段的平均值。检查原始数据，发现对照组有一个被试的数据异常，予以剔除。最后，对照组有 17 个样本数据，坐忘组有 19 个样本数据参与分析。

从两组被试的心率的描述统计值（表 4 – 1）可以看出，对照组在各个时段的心率均高于坐忘组。对两组的心率进行重复测量方差分析，结果 Mauchly 球形度检验不显著（$P = 0.364 > 0.05$，见表 4 – 2），说明接受球形假设，数据分析结果应参看主体内效应的检验。由表 4 – 3 可知，时间的组内效应不显著（$F = 2.081$，$P = 0.087 > 0.05$），时间和组别的交互作用也不显著（$F = 1.128$，$P = 0.346 > 0.05$）。但是，方差分析的主体间效应分析表明，坐忘组与对照组在不同时段的心率变化存在差异（$F = 4.317$，$P = 0.045 < 0.05$，详见表 4 – 4）。因此，在没有交互作用的情况下，组间主效应差异显著可以通过检验组别同一次测量的两组总体均数是否相等来推断结果。[1]结果，Bonferroni 事后检验表明，两组心率在 3—5 分钟、8—10 分钟

---

[1]　参见董英、赵耐青《重复测量资料方差分析中主效应意义的探讨》，《复旦学报》（医学版）2005 年第 6 期。

时段的变化存在显著的差异（见表4－5）。

表4－1　　　　　　　　心率的描述统计值表（次/min）

组别		$M \pm SD$	n
3—5 分钟	对照组	72.177 ± 5.411	17
	坐忘组	67.158 ± 7.034	19
8—10 分钟	对照组	71.765 ± 6.340	17
	坐忘组	66.684 ± 6.524	19
13—15 分钟	对照组	69.412 ± 4.938	17
	坐忘组	66.579 ± 6.397	19
15 分 01—20 秒	对照组	70.882 ± 6.244	17
	坐忘组	67.052 ± 6.720	19
15 分 21—40 秒	对照组	71.294 ± 6.243	17
	坐忘组	67.842 ± 6.954	19

表4－2　　　　　　　　心率的 Mauchly 球形度检验表

主体内效应	Mauchly's W	近似卡方	df	Sig	ε 校正系数		
					G—G	H—F	L—b
time	0.738	9.842	9	0.364	0.867	1.000	0.250

注：1. 可用于调整显著性平均检验的自由度，在"主体内效应检验"表格中显示修正后的检验。

2. 设计：截距 + group；主体内设计：time（下同）。

表4－3　　　　　　　　心率的主体内效应的检验表

效应		平方和	df	MS	F	Sig
时间	假设为球形	64.346	4.000	16.086	2.081	0.087
	Greenhouse—Geisser	64.346	3.467	18.558	64.346	0.087
	Huynh—Feldt	64.346	4.000	16.086	64.346	0.087
	下限值	64.346	1.000	64.346	64.346	0.158
时间 × 组别	假设为球形	34.879	4.000	8.720	1.128	0.346
	Greenhouse—Geisser	34.879	3.467	10.059	1.128	0.344
	Huynh—Feldt	34.879	4.000	8.720	1.128	0.346
	下限值	34.879	1.000	34.879	1.128	0.296

	效应	平方和	*df*	*MS*	*F*	*Sig*
误差 （时间）	假设为球形	1051.210	136.000	7.729		
	Greenhouse—Geisser	1051.210	117.890	8.917		
	Huynh—Feldt	1051.210	136.000	7.729		
	下限值	1051.210	34.000	30.918		

表4-4 **心率的主体间效应的检验表**

来源	平方和	*df*	*MS*	*F*	*Sig*
截距	856429.282	1	856429.282	5042.645	0.000
组别	733.189	1	733.193	4.317	0.045
误差	5774.468	34	169.837		

表4-5 **心率的组间事后成对比较表**

因变量	（I）组别	（J）组别	均差（I-J）	*SE*	*Sig*[b]
3—5分钟	对照组	坐忘组	5.019*	2.111	0.023
	坐忘组	对照组	-5.019*	2.111	0.023
8—10分钟	对照组	坐忘组	5.080*	2.149	0.024
	坐忘组	对照组	-5.080*	2.149	0.024
13—15分钟	对照组	坐忘组	2.833	1.922	0.150
	坐忘组	对照组	-2.833	1.922	0.150
15分01—20秒	对照组	坐忘组	3.830	2.170	0.087
	坐忘组	对照组	-3.830	2.170	0.087
15分21—40秒	对照组	坐忘组	3.452	2.213	0.128
	坐忘组	对照组	-3.452	2.213	0.128

注：基于估计边际平均值，*. 均值差的显著性水平为 0.05，b. 调节多重比较：Bonferroni（下同）。

总体而言，无论是对照组还是坐忘组，随着任务时间的推进，心率逐渐降低，在干扰刺激的作用下，又开始上升。相对而言，在各个时段坐忘组的心率更低，在干扰音出现的前后，对照组的心率波动幅度更大，而坐忘组的波动幅度相对平缓，这一点可以从图4-1直观地观察到。重要的是，在任务时间的前期和中期（即3—5分钟、8—10分钟），坐忘组的心率明显低于对照组。

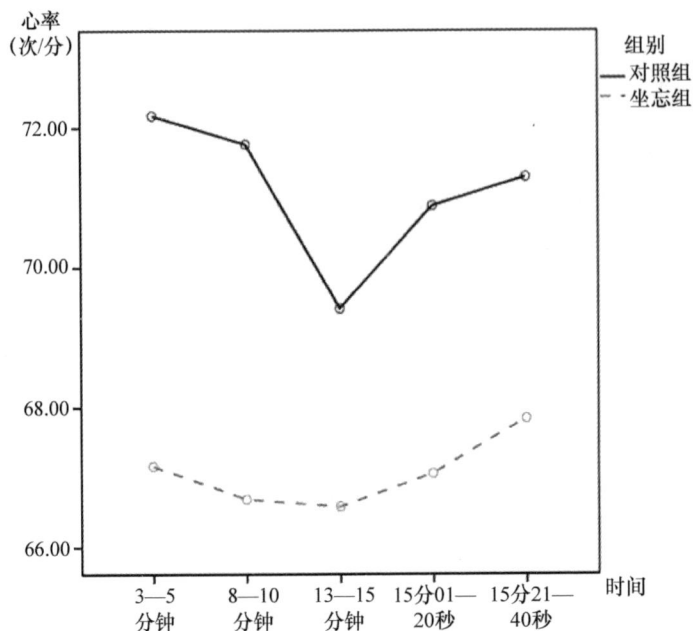

图4-1　心率观测值的估计边际均值比较图

二　忘我状态下呼吸的变化特征

如前，把15分钟的任务阶段分成前（3—5分钟）、中（8—10分钟）、后（13—15分钟）三个观察时段，把后面添加"白噪音"干扰刺激的40秒时间分成前（15分01—20秒）、后（15分21—40秒）两个观察时段，合并有5个时段的数据参与分析。检查原始数据，发现对照组有一个被试的数据异常，予以剔除。最后，对照组有17个样本数据，坐忘组有19个样本数据参与分析。

从两组被试的呼吸值的描述统计（表4-6）可以看出，对照组在各个时段的呼吸频次均高于坐忘组。对两组的呼吸进行重复测量方差分析，结果Mauchly球形度检验达显著水平（$P = 0.002 < 0.05$，见表4-7），说明不接受球形假设，数据分析结果应参看多变量检验的结果。由表4-8可知，时间的主效应不显著（$F = 2.990$，

$P = 0.194 > 0.05$），时间和组别的交互作用也不显著（$F = 1.494$，$P = 0.457 > 0.05$）。但是，两组的主体间效应分析表明，坐忘组与对照组在不同时段的呼吸的变化存在显著差异（$F = 8.612$，$P = 0.006 < 0.05$，详见表4-9）。因此，进行组间事后检验，结果表明，两组的呼吸除在13—15分钟时段的差异未达显著外（表4-10），其余时段均存在显著的差异。

表4-6　　　　　　　呼吸的描述统计值表（次/min）

组别		$M \pm SD$	n
3—5分钟	对照组	17.882 ± 3.621	17
	坐忘组	14.842 ± 3.548	19
8—10分钟	对照组	18.294 ± 2.932	17
	坐忘组	14.579 ± 3.485	19
13—15分钟	对照组	17.000 ± 3.758	17
	坐忘组	14.790 ± 3.084	19
15分01—20秒	对照组	17.000 ± 2.784	17
	坐忘组	14.947 ± 2.778	19
15分21—40秒	对照组	17.882 ± 2.913	17
	坐忘组	15.684 ± 2.964	19

表4-7　　　　　　呼吸的 Mauchly 球形度检验表

主体内效应	Mauchly's W	近似卡方	df	Sig	ε 校正系数		
					G—G	H—F	L—b
time	0.448	26.022	9	0.002	0.763	0.871	0.250

表4-8　　　　　　　呼吸的多变量检验表

效应		值	F	假设自由度	误差自由度	Sig
时间	Pillai's 轨迹	0.173	2.990	4.000	31.000	0.194
	Wilks' Lambda	0.827	2.990	4.000	31.000	0.194
	Hotelling's 轨迹	0.209	2.990	4.000	31.000	0.194
	Roy's 最大根	0.209	2.990	4.000	31.000	0.194

效应		值	F	假设自由度	误差自由度	Sig
时间×组别	Pillai's 轨迹	0.108	1.494	4.000	31.000	0.457
	Wilks' Lambda	0.892	1.494	4.000	31.000	0.457
	Hotelling's 轨迹	0.120	1.494	4.000	31.000	0.457
	Roy's 最大根	0.120	1.494	4.000	31.000	0.457

表4-9　　　　　　　　呼吸的主体间效应的检验表

来源	平方和	df	MS	F	Sig
截距	47618.657	1	47618.657	1308.317	0.000
组别	313.457	1	313.457	8.612	0.006
误差	1237.493	34	36.397		

表4-10　　　　　　　　呼吸的组间事后成对比较表

因变量	(I) 组别	(J) 组别	均差（I-J）	SE	Sig
3—5 分钟	对照组	坐忘组	3.040*	1.196	0.016
	坐忘组	对照组	-3.040*	1.196	0.016
8—10 分钟	对照组	坐忘组	3.715*	1.081	0.002
	坐忘组	对照组	-3.715*	1.081	0.002
13—15 分钟	对照组	坐忘组	2.211	1.141	0.061
	坐忘组	对照组	-2.211	1.141	0.061
15 分01—20 秒	对照组	坐忘组	2.053*	0.928	0.034
	坐忘组	对照组	-2.053*	0.928	0.034
15 分21—40 秒	对照组	坐忘组	2.198*	0.981	0.032
	坐忘组	对照组	-2.198*	0.981	0.032

　　结合图4-2，我们可以看到，坐忘组与对照组的呼吸在总体走势上比较接近，呈现先降后升的趋势。在整个任务过程中，坐忘组的呼吸频率更低，在无干扰的15分钟内，坐忘组的呼吸在前段、中段都显著低于对照组，并且坐忘组在中段时呼吸值最低，而对照组则在中段波动上升，在末段下降为最低。在干扰环境下，坐忘组的呼吸值显

著低于对照组，但两组的呼吸频次均出现上升。

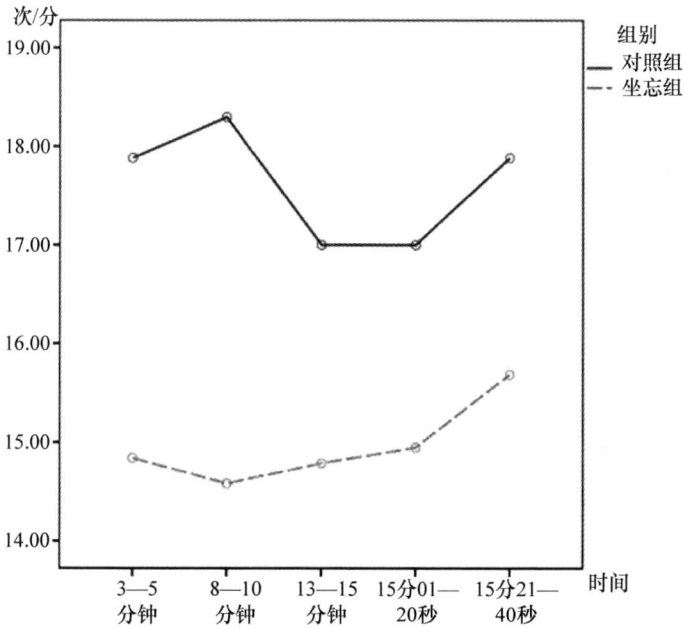

图 4 - 2　呼吸观测值的估计边际均值比较图

三　忘我状态下肌电的变化特征

考虑到电信号的敏感性更高，研究对之前的考察时段进行了一定的调整，把整个实验时间分成起始段（0—2 分钟）、前段（3—5 分钟）、中段（8—10 分钟）、后段（13—15 分钟）和干扰段（15 分01—40 秒）。即插入一个起始时段，合并一个干扰时段，共 5 个时段的数据带入分析。在检查两组数据时，发现对照组有 3 个样本数据异常，坐忘组有 2 个样本数据异常，予以剔除。最终，两组共 32 个样本数据参与分析。

从两组的肌电值的描述统计来看（表 4 - 11），各个时段上对照组的肌电值均高于坐忘组。对两组的肌电数据进行重复测量方差分析，结果 Mauchly 球形度检验达显著水平（$P = 0.000 < 0.05$，见表 4 - 12），参看多变量检验数据分析结果（表 4 - 13），发现时间的主效应不显著（$F = 2.102$，$P = 0.108 > 0.05$），时间和组别的交互作用也不显著（$F = 1.851$，$P = 0.148 > 0.05$）。进而对两组的主体间效应进行分析，结果组别之间的效应未达到显著水平（$P = 0.061 > 0.05$，见表4 – 14）。考虑到 P 值（0.061）处于边缘显著水平，并且本研究也想进一步确认不同时段两组肌电值的差异，故进行了组间事后检验。结果表明，两组的肌电值在0—2分钟、3—5分钟两个时段上达到显著差异（见表4 – 15）。

表4 – 11　　　　　　　　肌电的描述统计值（μV）表

组别		$M \pm SD$	n
0—2 分钟	对照组	9.306 ± 3.787	15
	坐忘组	6.444 ± 3.650	17
3—5 分钟	对照组	8.737 ± 3.289	15
	坐忘组	6.127 ± 3.286	17
8—10 分钟	对照组	8.159 ± 2.732	15
	坐忘组	6.127 ± 3.235	17
13—15 分钟	对照组	8.141 ± 2.686	15
	坐忘组	6.281 ± 3.343	17
15 分 01—40 秒	对照组	8.023 ± 2.499	15
	坐忘组	6.632 ± 3.631	17

表4 – 12　　　　　　　　肌电的 Mauchly 球形度检验表

主体内效应	Mauchly's W	近似卡方	df	Sig	ε 校正系数		
					G—G	H—F	L—b
time	0.010	131.161	9	0.000	0.329	0.349	0.250

表4 – 13　　　　　　　　肌电的多变量检验表

效应		值	F	假设自由度	误差自由度	Sig
时间	Pillai's 轨迹	0.237	2.102	4.000	27.000	0.108
	Wilks' Lambda	0.763	2.102	4.000	27.000	0.108
	Hotelling's 轨迹	0.311	2.102	4.000	27.000	0.108
	Roy's 最大根	0.311	2.102	4.000	27.000	0.108

续表

效应		值	F	假设自由度	误差自由度	Sig
时间×组别	Pillai's 轨迹	0.215	1.851	4.000	27.000	0.148
	Wilks' Lambda	0.785	1.851	4.000	27.000	0.148
	Hotelling's 轨迹	0.274	1.851	4.000	27.000	0.148
	Roy's 最大根	0.274	1.851	4.000	27.000	0.148

表 4 - 14　　　　　　　　肌电的主体间效应的检验表

来源	平方和	df	MS	F	Sig
截距	8721.992	1	8721.992	179.753	0.000
组别	184.343	1	184.343	3.799	0.061
误差	1455.665	30	48.552		

表 4 - 15　　　　　　　　肌电的组间事后比较表

因变量	(I) 组别	(J) 组别	均差（I-J）	SE	Sig^b
0—2 分钟	对照组	坐忘组	2.862 *	1.361	0.038
	坐忘组	对照组	- 2.862 *	1.361	0.038
3—5 分钟	对照组	坐忘组	2.610 *	1.165	0.033
	坐忘组	对照组	- 2.610 *	1.165	0.033
8—10 分钟	对照组	坐忘组	2.033	1.066	0.066
	坐忘组	对照组	- 2.033	1.066	0.066
13—15 分钟	对照组	坐忘组	1.859	1.082	0.096
	坐忘组	对照组	- 1.859	1.082	0.096
15 分 01—40 秒	对照组	坐忘组	1.391	1.117	0.223
	坐忘组	对照组	- 1.391	1.117	0.223

　　总体上，在任务状态下，坐忘组的肌电值更低，特别是在起始段和前段，坐忘组的肌电值显著低于对照组。两组肌电值的走势较为接近。随着时间的推移，肌电值出现持续下降，进入中后段时间，肌电值下降趋缓或者缓慢抬升。当出现干扰刺激时，两组表现略有不同，坐忘组的肌电值出现增加的变化，而对照组却略有下降

（图 4 - 3）。

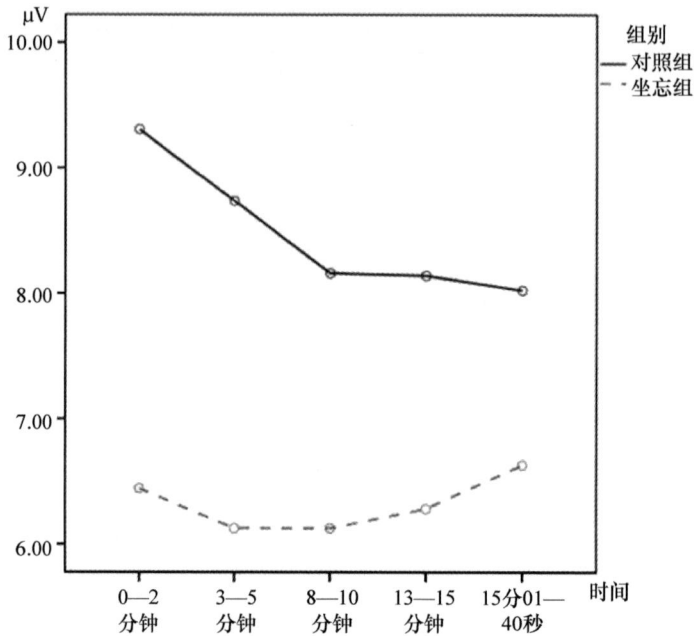

图 4 - 3   肌电观测值的估计边际均值比较

四   忘我状态下脑电的变化特征

（一）θ 波的变化特征

θ 波的考察按起始段（0—2 分钟）、前段（3—5 分钟）、中段（8—10 分钟）、后段（13—15 分钟）和干扰段（15 分 01—40 秒）5 个时段进行。在检查两组数据时，发现对照组有 1 个样本数据异常，予以剔除。最终，两组共 36 个样本数据参与分析。

表 4 - 16   θ 波描述统计值（μV）表

组别		$M \pm SD$	n
0—2 分钟	对照组	9.795 ± 1.954	17
	坐忘组	11.040 ± 2.903	19
3—5 分钟	对照组	9.682 ± 2.170	17
	坐忘组	11.930 ± 4.584	19

续表

组别		$M \pm SD$	n
8—10 分钟	对照组	9.796 ± 2.08	17
	坐忘组	10.803 ± 3.510	19
13—15 分钟	对照组	10.029 ± 2.079	17
	坐忘组	10.901 ± 2.923	19
15 分 01—40 秒	对照组	9.501 ± 1.946	17
	坐忘组	11.517 ± 3.556	19

　　从表 4 – 16 可见，坐忘组在各个时段的 θ 波的功率要高于对照组。为检验两组 θ 波值有无统计学差异，进行重复测量方差分析，其 Mauchly 球形度检验值达显著水平（$P = 0.000 < 0.05$，见表 4 – 17），表明不接受球形假设，检验结果参看多变量检验（表 4 – 18）。其中，时间主效应不显著（$F = 1.189$，$P = 0.335 > 0.05$），时间与组别的交互效应显著（$F = 3.400$，$P = 0.020 < 0.05$）。组间效应不显著（$F = 3.076$，$P = 0.088 > 0.05$，见表 4 – 19）。

表 4 – 17　　　　　　　θ 波的 Mauchly 球形度检验表

主体内效应	Mauchly's W	近似卡方	df	Sig	ε 校正系数		
					G—G	H—F	L—b
time	0.179	55.685	9	0.000	0.542	0.597	0.250

表 4 – 18　　　　　　　　θ 波的多变量检验表

效应		值	F	假设自由度	误差自由度	Sig
时间	Pillai's 轨迹	0.133	1.189	4.000	31.000	0.335
	Wilks' Lambda	0.867	1.189	4.000	31.000	0.335
	Hotelling's 轨迹	0.153	1.189	4.000	31.000	0.335
	Roy's 最大根	0.153	1.189	4.000	31.000	0.335
时间 × 组别	Pillai's 轨迹	0.215	3.400	4.000	31.000	0.020
	Wilks' Lambda	0.785	3.400	4.000	31.000	0.020
	Hotelling's 轨迹	0.274	3.400	4.000	31.000	0.020
	Roy's 最大根	0.274	3.400	4.000	31.000	0.020

表4-19　　　　　　　　　θ波的主体间效应的检验表

来源	平方和	df	MS	F	Sig
截距	19781.288	1	19781.288	621.304	0.000
组别	97.934	1	97.934	3.076	0.088
误差	1082.503	34	31.838		

表4-20　　　　　　　　　θ波的简单效应检验表

因变量	(I) 组别	(J) 组别	均差 (I-J)	SE	Sig[b]
0—2 分钟	对照组	坐忘组	-1.245	0.835	0.145
	坐忘组	对照组	1.245	0.835	0.145
3—5 分钟	对照组	坐忘组	-2.248	1.219	0.074
	坐忘组	对照组	2.248	1.219	0.074
8—10 分钟	对照组	坐忘组	-1.007	0.991	0.317
	坐忘组	对照组	1.007	0.991	0.317
13—15 分钟	对照组	坐忘组	-0.871	0.855	0.315
	坐忘组	对照组	0.871	0.855	0.315
15 分 01—40 秒	对照组	坐忘组	-2.016 *	0.972	0.046
	坐忘组	对照组	2.016 *	0.972	0.046

　　注：基于估计边际平均值，*. 均值差的显著性水平为0.05，b. 调节多重比较：Sjdak（下同）。

　　基于两组存在交互作用，需要对组别在不同时间水平上作简单效应检验。简单效应显示（表4-20），在实验的干扰时段（15 分 01—40 秒），坐忘组和对照组的 θ 波功率存在显著的差异（$P = 0.046 < 0.05$），而在实验的前段（3—5 分钟）也达到边缘显著水平（$P = 0.074$）。

　　总之，在任务状态下，坐忘组的 θ 波功率值要高于对照组，特别是干扰时段和前段，两者的 θ 波差异最大。同时，两组 θ 波的总体走势并不一致（图4-4），对照组的 θ 波功率随着时间的推移小幅波动后逐渐抬升，遇到干扰刺激后又迅速下降。而坐忘组的 θ 波在前段时间快速抬升，到中段出现大幅下降后又持续抬升，并不受干扰刺激的影响。

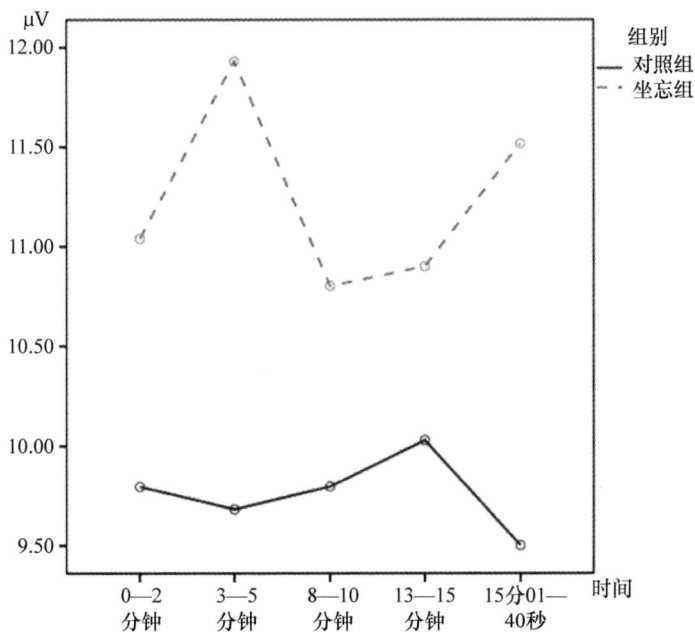

图4－4　θ波观测值的估计边际均值比较图

（二）α波的变化特征

α波的考察按起始段（0—2分钟）、前段（3—5分钟）、中段（8—10分钟）、后段（13—15分钟）和干扰段（15分01—40秒）5个时段进行。两组共37个样本数据参与分析。

从表4－21可见，坐忘组在各个时段的α波的功率要高于对照组。对两组α波进行重复测量方差分析，其Mauchly球形度检验值达显著水平（$P = 0.002 < 0.05$，见表4－22），表明不接受球形假设，检验结果参看多变量检验（表4－23）。其中，时间主效应显著（$F = 7.360$，$P = 0.000 < 0.05$），时间与组别的交互效应显著（$F = 3.106$，$P = 0.029 < 0.05$），组间效应显著（$F = 8.766$，$P = 0.005 < 0.05$，见表4－24）。

表 4 – 21　　　　　　　　α 波的描述统计值（μV）表

组别		$M \pm SD$	n
0—2 分钟	对照组	11.892 ± 3.228	18
	坐忘组	16.361 ± 4.781	19
3—5 分钟	对照组	10.527 ± 3.064	18
	坐忘组	15.875 ± 7.013	19
8—10 分钟	对照组	11.111 ± 4.724	18
	坐忘组	12.280 ± 4.019	19
13—15 分钟	对照组	9.838 ± 3.791	18
	坐忘组	12.804 ± 4.639	19
15 分 01—40 秒	对照组	8.959 ± 3.139	18
	坐忘组	13.316 ± 5.304	19

表 4 – 22　　　　　　　α 波的 Mauchly 球形度检验表

主体内效应	Mauchly's W	近似卡方	df	Sig	ε 校正系数		
					G—G	H—F	L—b
time	0.460	25.931	9	0.002	0.709	0.801	0.250

表 4 – 23　　　　　　　　α 波的多变量检验表

效应		值	F	假设自由度	误差自由度	Sig
时间	Pillai's 轨迹	0.479	7.360	4.000	32.000	0.000
	Wilks' Lambda	0.521	7.360	4.000	32.000	0.000
	Hotelling's 轨迹	0.920	7.360	4.000	32.000	0.000
	Roy's 最大根	0.920	7.360	4.000	32.000	0.000
时间 ×组别	Pillai's 轨迹	0.280	3.106	4.000	32.000	0.029
	Wilks' Lambda	0.720	3.106	4.000	32.000	0.029
	Hotelling's 轨迹	0.388	3.106	4.000	32.000	0.029
	Roy's 最大根	0.388	3.106	4.000	32.000	0.029

表 4 - 24 α 波的主体间效应的检验表

来源	平方和	df	MS	F	Sig
截距	27931.052	1	27931.052	397.062	0.000
组别	616.649	1	616.649	8.766	0.005
误差	2462.052	35	70.344		

进一步的简单效应显示（表 4 - 25），两组的 α 波在实验的起始段（0—2 分钟）、前段（3—5 分钟）、后段（13—15 分钟）以及干扰时段（15 分 01—40 秒）均存在显著的差异（$P < 0.05$），而中段（8—10 分钟）的差异不显著。

表 4 - 25 α 波的简单效应检验表

因变量	(I) 组别	(J) 组别	均差 (I - J)	SE	Sig
0—2 分钟	对照组	坐忘组	- 4.424 *	1.349	0.002
	坐忘组	对照组	4.424 *	1.349	0.002
3—5 分钟	对照组	坐忘组	- 5.348 *	1.797	0.005
	坐忘组	对照组	5.348 *	1.797	0.005
8—10 分钟	对照组	坐忘组	- 1.168	1.439	0.422
	坐忘组	对照组	1.168	1.439	0.422
13—15 分钟	对照组	坐忘组	- 2.996 *	1.397	0.041
	坐忘组	对照组	2.996 *	1.397	0.041
15 分 01—40 秒	对照组	坐忘组	- 4.357 *	1.443	0.005
	坐忘组	对照组	4.357 *	1.443	0.005

总体而言，在任务状态下，坐忘组的 α 波功率值要高于对照组，尤其是起始段、前段和干扰时段，两者的 α 波差距明显。两组 α 波随着时间的推移出现波动，但波动的方向不同，对照组呈现先降后升再降的状态，而坐忘组是先降后升的状态，两组以中段为界都有明显变化。另外，两者在干扰条件下 α 波的功率也不同，对照组表现为下降，而坐忘组表现为持续的上升（图 4 - 5）。

（三）β 波的变化特征

β 波的观察时段设置如前。剔除对照组的 1 个异常数据，两组共

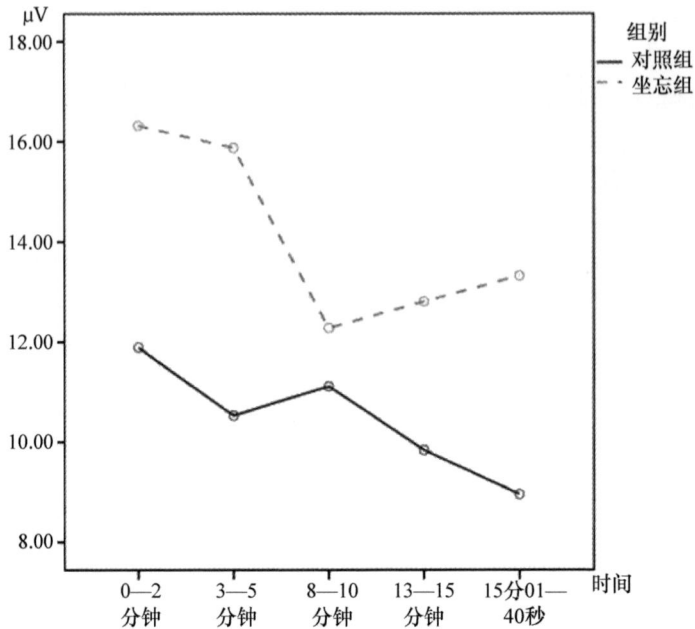

图4-5 α波观测值的估计边际均值比较图

有36个样本数据参与分析。

从两组β波的描述统计来看（表4-26），对照组在无干扰情况下各时段的β波的功率要高于坐忘组，而在干扰条件下略低于坐忘组。因为Mauchly球形度检验值达到显著水平（$P = 0.000 < 0.05$，表4-27），拒绝球形假设，故进行多变量检验，结果显示（见表4-28），时间主效应显著（$F = 4.651$，$P = 0.005 < 0.05$），时间和组别的交互效应不显著（$F = 1.439$，$P = 0.245 > 0.05$），组间效应不显著（$F = 0.696$，$P = 0.410 < 0.05$，见表4-29）。

表4-26   β波描述统计值（μV）表

组别		$M \pm SD$	n
0—2分钟	对照组	9.499 ± 2.885	17
	坐忘组	8.230 ± 2.411	19

续表

组别		$M \pm SD$	n
3—5 分钟	对照组	9.087 ± 2.673	17
	坐忘组	8.743 ± 4.060	19
8—10 分钟	对照组	9.689 ± 5.850	17
	坐忘组	7.560 ± 2.448	19
13—15 分钟	对照组	7.965 ± 2.673	17
	坐忘组	7.743 ± 2.318	19
15 分 01—40 秒	对照组	8.138 ± 2.802	17
	坐忘组	8.392 ± 2.574	19

表 4 – 27 β 波的 Mauchly 球形度检验表

主体内效应	Mauchly's W	近似卡方	df	Sig	ε 校正系数		
					G—G	H—F	L—b
time	0.081	81.378	9	0.000	0.538	0.592	0.250

表 4 – 28 β 波的多变量检验表

效应		值	F	假设自由度	误差自由度	Sig
时间	Pillai's 轨迹	0.375	4.651	4.000	31.000	0.005
	Wilks' Lambda	0.625	4.651	4.000	31.000	0.005
	Hotelling's 轨迹	0.600	4.651	4.000	31.000	0.005
	Roy's 最大根	0.600	4.651	4.000	31.000	0.005
时间 × 组别	Pillai's 轨迹	0.157	1.439	4.000	31.000	0.245
	Wilks' Lambda	0.843	1.439	4.000	31.000	0.245
	Hotelling's 轨迹	0.186	1.439	4.000	31.000	0.245
	Roy's 最大根	0.186	1.439	4.000	31.000	0.245

表 4 – 29 β 波的主体间效应的检验表

来源	平方和	df	MS	F	Sig
截距	12999.810	1	12999.810	380.372	0.000

续表

来源	平方和	df	MS	F	Sig
组别	23.786	1	23.786	0.696	0.410
误差	1162.003	34	34.177		

表4-30　　　　　　　　　　β波的事后组内成对比较表

(I) 时间	(J) 时间	均差 (I-J)	SE	Sig
1	2	-0.015	0.333	0.963
	3	0.275	0.548	0.619
	4	1.045*	0.347	0.005
	5	0.635	0.398	0.120
2	1	0.015	0.333	0.963
	3	0.290	0.604	0.634
	4	1.061*	0.458	0.027
	5	0.650	0.485	0.189
3	1	-0.275	0.548	0.619
	2	-0.290	0.604	0.634
	4	0.770	0.684	0.268
	5	0.360	0.677	0.598
4	1	-1.045*	0.347	0.005
	2	-1.061*	0.458	0.027
	3	-0.770	0.684	0.268
	5	-0.411*	0.162	0.016
5	1	-0.635	0.398	0.120
	2	-0.650	0.485	0.189
	3	-0.360	0.677	0.598
	4	0.411*	0.162	0.016

注：1：0—2分钟，2：3—5分钟，3：8—10分钟，4：13—15分钟，5：15分01—40秒。

对不同时段β波进行事后组内成对比较，发现起始段、前段的β波与末段均存在显著差异，末段与干扰段的β波功率值也存在显著的差异（表4－30）。提示在任务末期，两组的 β 波都降至较低水平，而在干扰作用下，又快速升高。有所不同的是，对照组的 β 波在反复波动中于末段降至最低，而坐忘组在中段降至最低，此后渐次升高（图4－6）。

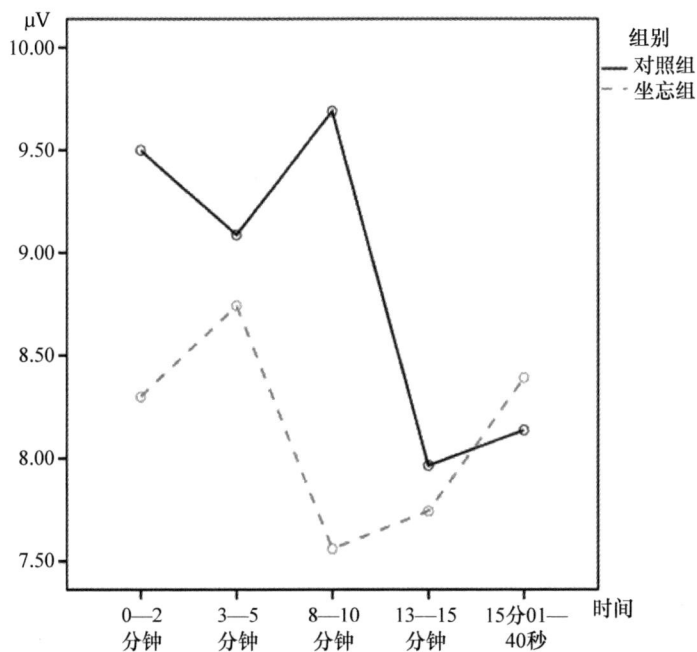

图4－6　β 波观测值的估计边际均值比较图

第四节　讨论

一　自主神经的平稳抑制

心率和呼吸属于心肺系统的生理指标，都与自主神经活动密切相关，其节律变化不仅预示着生命体征的变化特点和健康状况，也能够较为灵敏地反映人们的情绪变化。[①] 实验证明，被试在忘我状态下心

[①]　参见刘烨等《5 种基本情绪的心肺系统生理反应模式》，《计算机研究与发展》2016年第 3 期。

率降低，同时呼吸变慢。另外，在忘我状态下，心率与呼吸还表现出以下几个方面的特点：一是稳定性，即变异量较小，升得慢，降得也慢；二是波动性，即随时间的推移，计量值会发生变化，但与正常的休息状态有着显著的不同；三是抗干扰性，即在外界干扰下能够保持相对的平稳状态。

总体而言，心率与呼吸的降低，表明自主神经活动减弱，或是交感神经活动减弱而副交感神经活动增强。[1] 此时，个体的神经活动处于抑制状态。另外，有研究表明，中性情绪下心率、呼吸等生理指标表现为更低的水平。[2] 这预示着忘我状态不仅神经生理处于抑制，精神安定放松，同时情绪平静中和。这些特点，正与道家忘我的"虚静""清静"等境界相符。[3] 从研究结果看，忘我的这种状态虽有波动，但却比自然的闭目养神更为稳定，即使在外界因素干扰下，其波动也较为平缓，有一定的抗干扰的特性。因此，忘我的心率、呼吸的变化特点符合道家"养神入静、性命双修"的养生观点[4]，也与坐忘"低能耗"的说法相互佐证。[5]

二　躯体神经的抑制与波动

肌电可以较好地客观显示人体肌肉的放松程度，同时也反映了神经、肌肉的状态，并能从一些方面体现情绪的变化。[6] 施瓦茨（Schwartz）、埃亨（Ahern）和布朗（Brown）的研究已经证明了面部肌电携有情感的相关信息，并且负情绪比正情绪有更高的 EMG 活动。[7] 研究

---

[1]　参见郑延平《生物反馈的临床实践》，高等教育出版社 2003 年版，第 142—143 页。

[2]　参见 Rainville, P., et al., "Basic emotions are associated with distinct patterns of cardio-respiratory activity", *International Journal of Psychophysiology*, Vol. 61, No. 1, 2006。

[3]　参见潘显一《"虚静""逍遥""玄德"：道教美学情趣论》，《社会科学研究》1997 年第 3 期。

[4]　参见李道纯《中和集》，载《道藏》，第 4 册，第 503—504 页。

[5]　参见魏玉龙《坐忘态的脑电特异性》，中国针灸学会年会大会论文集 2011 年第 5 册，第 444—445 页。

[6]　参见陈继华等《基于多生理信号的情绪初步识别》，《生物医学工程研究》2006 年第 3 期。

[7]　参见 Schwartz, G. E., et al., "Lateralized facial muscle response to positive and negative emotional stimuli", *Psychophysiology*, Vol. 16, No. 6, 1979, pp. 561 –571。

比较分析了坐忘组与对照组的均方根肌电（RMS）的幅值，发现忘我状态下被试的肌电值更低，反映了此时肌肉活动时运动单位激活的数量、参与活动的运动单位类型以及同步化程度都处于较低的水平，情绪安定。肌肉属于躯体神经管控，这也表明躯体神经系统处于抑制状态。王彤、金豫、励建安和周士枋曾比较气功态与睡眠态的肌电值，发现两者水平相当。可见，道家打坐类活动对于放松入静有着良好的效果。[①]

我们看到对照组闭目养神的做法也会带来肌电值的下降，但比较坐忘组，其低值来得更晚（对照组在中后段，而坐忘组在前段）。两组在中前端的差距最大（这个特点在心率、呼吸上也有体现）。这表明坐忘练习能在较短的时间内使人放松入静，而普通的闭目养神却难做到。另外，在干扰因素下，对照组的肌电值持续下降，而坐忘组略有回升。这一点在心率、呼吸上没有出现，有些令人费解。这可能是坐忘组的肌电值已经处于一个低值，因此对外界干扰容易出现波动，或是被试尚需要更多的练习来保证状态的稳定性。当然这也有可能是对照组在后期已经接近睡眠状态甚至睡着（实验时有小部分被试反馈"好像睡着了"），身体出现严重的抑制。

三 脑电 α 波、θ 波的同步活动

脑电信号是人脑神经元活动的综合表现，很多心理活动和认知行为都可以通过脑电反映出来。[②] 对脑电 β 波、α 波、θ 波进行分组对照研究，发现坐忘状态下 α 波、θ 波的振幅普遍高于对照组，并且在起始段、前段以及干扰段两者的差异更为明显，而 β 波则要略低于对照组。这提示在忘我状态下，α 波、θ 波更强，活动更为活跃，而 β 波的活动相对较弱。α 波是闭眼状态下大脑的主要电波形态，它反映了放松舒适状态下脑电的基本节律。θ 波是一种高幅、低频的脑电波，往往在睡眠或者困倦时出现，同时也会在一些与学习相关的行为

[①] 参见土彤等《肌电生物反馈用于气功入静的可行性研究》，《中华理疗杂志》1995年第1期。

[②] 参见聂聃等《基于脑电的情绪识别研究综述》，《中国生物医学工程学报》2012年第4期。

时出现，而且在 θ 波存在的状态下学习会被强化。① 因此，有研究认为"顿悟""灵感"或者"定能生慧"等高级认知活动往往出现在 θ 波为主的状态。② 可见，在坐忘状态下，精神处于一种松弛静定、似睡非睡的状态，此时大脑能耗较低但却保持着弹性加工的可能性。

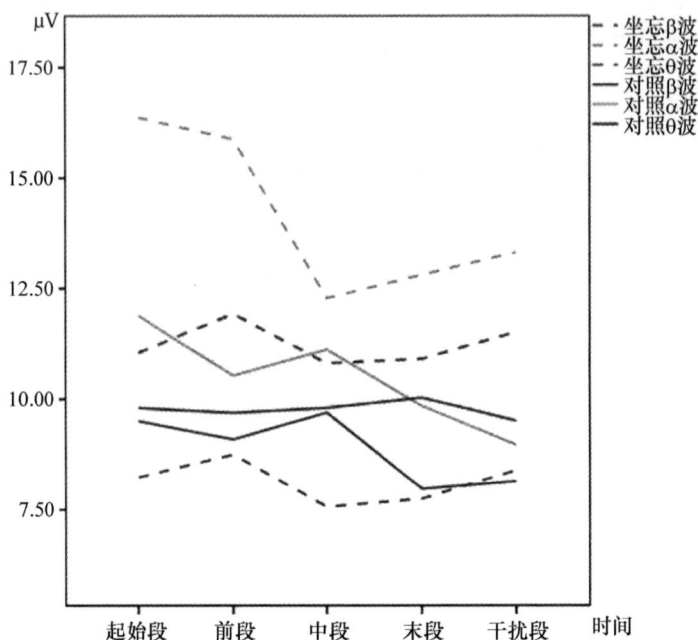

图 4 - 7　忘我状态与闭目养神在各时段的脑电波曲线图

把 3 种脑电波的走势一起呈现（图 4 - 7，虚线代表坐忘组，实线代表对照组），则会发现坐忘组的 α 波、θ 波、β 波的总体走势较为一致，升或降较为同步，其中 β 波明显低于 α 波、θ 波。而对照组的 α 波和 β 波的变化较为接近，θ 波则较为平缓，与前两者不同，且三者水平比较接近。这说明忘我是一种特殊的精神状态，它主要表现为以 α 波、θ 波为优势活动的脑电信号，显示神经活动处于静息或极度

① 参见张倩、罗非《θ 波与突触传递的长时程改变》，《生理科学进展》2004 年第 4 期。

② 参见马蔼乃《大脑脑能与创造力的探索》，《系统辩证学学报》2004 年第 1 期。

放松的状态。结合前面生命体征指标的特征，表明忘我活动使整个人体处于一种特殊的整合状态，中枢神经系统、植物神经系统、各内脏系统和心理状态都处于一种良好的协调状态。这不是简单的兴奋—抑制的变化，而是放松入静后的一种稳定的身心和谐状态。

第五节　小结

研究通过实验设计和生理指标的收集，分析了忘我状态的生理特征与机制。研究得出三点结论。

（1）与对照组相比，坐忘组被试的心率降低，呼吸变慢，同时肌电值降低，表现为自主神经和躯体神经系统的抑制，并具有一定的抗干扰能力。

（2）与对照组相比，坐忘组的 α 波、θ 波增强，活动更为活跃，而 β 波的活动减弱。并且三种脑电波的变化具有同步趋势，显示神经活动处于静息或极度放松的状态。

（3）忘我活动使整个人体处于一种特殊的整合状态，中枢神经系统、植物神经系统、内脏系统和心理状态都处于一种良好的协调状态。这与道家致虚守静的体道精神相吻合。

第五章

忘我修习对自我意识的影响

忘我的过程是将自我逐渐从世俗之中抽离出来进而契真合道的过程，即从俗我返还真我，把小我（真我）统合于大我（宇宙我）的过程。因此，忘我的修习会引起自我意识的某些变化。本章通过对忘我修炼者和普通人群进行对比，分析比较两者的外显自我和内隐自我的不同，以探索忘我对自我意识的影响，并进而讨论这种影响是积极的还是消极的。

第一节 引言

自我意识是个体的自我认识，是对自己的意识和体验相对稳定的系统观念。① 詹姆士（James）是较早把自我意识引入心理学领域，他在《心理学原理》一书中提出了自我（self）的概念以及主我和客我的构想，并指出这是个体一种自我反省的能力。之后，米德（Mead）沿袭了詹姆士的二元划分，并探讨了两者的关系，推进了自我概念的发展。② Wieklund 和 Dual 就自我反省能力会对人的行为产生重要影响这一观点进行了实验研究，并因此提出了"客观自我意识理论"（ob-

---

① 参见林崇德、杨治良、黄希庭主编《心理学大辞典》，上海教育出版社 2007 年版，第 1777 页。

② 参见［美］乔治·赫伯特·米德《心灵、自我与社会》，赵月瑟译，上海译文出版社 1993 年版，第 154—158 页。

jeetive self – awareness theory）。① 他们假定人的注意状态是在自我和环境之间进行转移的。在此基础上，凡尼斯汀（Fenigstein）、谢尔（Scheier）和巴斯（Buss）提出了两个自我划分，即自我的某些方面是隐秘的、躲藏的，是他人不可获得的；自我的另一些方面是社会的、公开的，表现在他人面前的，是与他人的关系密切相关的。② 他们把前面一个成分定义为"私我"（private self – consciousness），后面一个成分定义为"公我"（public self – consciousness）。凡尼斯汀等强调两个自我方面是同时存在于一个人身上的，只是其程度大小不同而已。

随着自我意识研究的不断深入，人们对自我意识的讨论从外显层面的研究逐渐深入内隐层面。根据双重态度模型，个体对待外部反应存在两种态度：一种是内隐的、自动化的，另一种是外显的、受意识控制的。③ 因此，自我意识也具有内隐和外显的两种成分。内隐自我是指自我中那些不能被意识知觉和控制的方面和成分，即无意识的自我知觉和无意识的自我控制。④ 格林沃尔德（Greenwald）等人对于内隐自尊的研究开启了内隐联想测验（Implicit Association Test，简称IAT）及其相关实验范式的应用。⑤ 此后，相关的内隐研究逐渐增多，并延伸到各个领域，这为内隐自我的研究提供了便利。

总体而言，自我意识反映了个体对于自身以及自己与周围事物关系的认识，是个体实现社会化目标、完善人格特征的重要保证。⑥ 一

---

① 参见 Wieklund, R. A. and Dual, S., "Opinion change and performance faciliation as a result of objective self – awareness", *Journal of Experimental Social Psychology*, Vol. 7, No. 3, 1971, pp. 319 – 342。

② 参见 Fenigstein, A., et al., "Public and private self – consciousness: Assessment and theory", *Journal of consulting and Clinical Psychology*, Vol. 43, No. 4, 1975, pp. 522 – 527。

③ 参见 Wilson, T. D., et al., "A model of dual attitudes", *Psychological Review*, No. 107, 2000, pp. 101 – 126。

④ 参见廖翌凯等《内隐自我与心理健康》，《西南大学学报》（社会科学版）2008 年第6 期。

⑤ 参见 Greenwald, A. G. and Farham, S. D., "Using the implicit association test to measure self – esteem and self – concept", *Journal of Personality and Social Psychology*, Vol. 79, No. 6, 2000, pp. 1022 – 1038; Greenwald, A. G., et al., "Is self – esteem a central ingredient of the self – concept?", *Personality and Social Psychology Bulletin*, Vol. 14, No. 1, 1988, pp. 34 – 45。

⑥ 参见孙圣涛、卢家楣《自我意识及其研究概述》，《心理学探新》2000 年第 1 期。

系列的研究表明，自我意识与心理健康有着密切的关联性。[①] 不过，对于此两者关系的研究往往存在相左的结果，例如：在个体对于负性事件的自我反省的相关研究中，有人认为对负性事件的自我反省会促进身心健康和更多的幸福体验[②]；而也有研究认为对负性事件的自我反省只会产生负性情绪，不利于身心健康。[③] 这种情况可能与自我反省的视角不同有关。研究者认为人的自我反省有两种视角，一种是自我沉浸视角（self-immersed perspective），一种是自我抽离视角（self-distanced perspective）。自我沉浸视角是个体将自己重新置于情景中，以当事人的眼光重现事件发生的过程；而自我抽离是个体从超越自我中心的观点看问题的过程。[④] 在自我抽离视角下，认知加工会增加自我与过去经验的心理距离，从而提高了个体的建构水平，容易使个体重新建构当时事件的意义，获得顿悟和认知闭合，因而是一种适应性的反省。[⑤]

　　这种抽离视角的自我意识活动与道家忘我存在某种契合度。与西方心理学重视自我的回馈反省与持续构建有所不同，道家思想强调自我的分离与解构，即与世俗之我、欲望之我进行切割，回归到"真

　　① 参见 Donald, J., et al., "Comparison of attention training and cognitive therapy in the treatment of social phobia: A preliminary investigation", *Behavioural and Cognitive Psychotherapy*, Vol. 42, No. 1, 2014, pp. 74 – 91；张艳平《大学新生自我意识与心理健康——基于自画像分析》，《社会心理科学》2015 年第 8—9 期；李昳等《自我关注与社交焦虑：负面评价恐惧的中介与关系型自我构念的调节》，《心理科学》2018 年第 5 期。

　　② 参见 Pennebaker, J. W. and Graybeal, A., "Patterns of natural language use: Disclosure, personality, and social integration", *Current Directions in Psychological Science*, Vol. 10, No. 3, 2001, pp. 90 – 93；Wilson, T. D. and Gilbert, D. T., "Explaining away: A model of affective adaptation", *Perspectives on Psychological Science*, Vol. 3, No. 5, 2008, pp. 370 – 386。

　　③ 参见 Nolen-Hoeksema, et al., "Rethinking rumination", *Perspectives on Psychological Science*", Vol. 3, No. 5, 2008, pp. 400 – 424；Smith, J. M. and Alloy, L. B., "A roadmap to rumination: A review of the definition, assessment, and conceptualization of this multifaceted construct", *Clinical Psychology Review*, Vol. 29, No. 2, 2009, pp. 116 – 128。

　　④ 参见 Kross, E., et al., "'Asking why' from a distance: Its cognitive and emotional consequences for people with major depressive disorder", *Journal of Abnormal Psychology*, Vol. 121, No. 3, 2012, pp. 559 – 569。

　　⑤ 参见李天然等《自我抽离：一种适应性的自我反省视角》，《心理科学进展》2015 年第 6 期。

我"。① 这实际上是通过"减"法原则，使自我不断得到净化，直至把个体的"小我"融合到宇宙的"大我"，从而使自己处于"天人合一"的忘我境界。② 因此，道家的忘我实质上也是一种自我意识的"抽离"，即自我从过去的、世俗的、偏执的各种有关功、名、利的自我意识中抽离出来，回归到自己的初心。从这个层面讲，道家的忘我既是一次自我的解构活动，也是一种自我抽离视角下的自我审视。

道家忘我讲究的是万事皆遗、物我两忘。从理论上看，忘我会使个体意识在物质层面和精神层面逐渐抽离出来，从而使意识进入一个虚静的状态。因此，在忘我状态下自我意识应该是一个减损的过程。那么，在实际当中忘我训练对被试的自我意识水平会产生什么样的影响？这种影响是积极的还是消极的？忘我训练会对哪种自我意识成分产生影响？忘我训练会不会对自我监控的水平产生长期的影响？这些都需要我们进行严谨的探索与讨论，并且弄清这些问题非常有助于我们把忘我理论中"忘"与"我"的关系落到实处。研究采用实验的方式考察忘我训练对自我意识水平的影响。基于自我意识有外显和内隐两个层面，故研究也从两个层面分别进行考证。外显自我采用自陈式量表进行测量，内隐自我则采用内隐联想测验（IAT）进行测量。

第二节　忘我训练对外显自我的影响

一　方法

（一）被试

本次研究针对两组被试：一组是经过忘我训练的被试（坐忘组，练习时间为 10 周），为高校"忘我与养生"公共选修课学生；另一组是未经训练的被试（对照组），为高校"道教与神仙体系"公共选修课学生。所有被试事先均被告知研究计划，如有不愿参加者，可以安排另外相同（相同的师资与教学内容）的教学班进行学习。课程结束

---

① 参见毛华配、童辉杰《"忘"的心理学：道家自我的解构与超越》，中国社会科学报 2018 年 6 月 26 日第 P002 版。

② 参见童辉杰《中国传统文化中的自我意识》，《心理科学》2000 年第 4 期。

时面对面发放问卷（共 186 份），其中有训练的学生 48 份，收回 44 份，回收率为 91.667%，剔除无效问卷 2 份，得有效问卷 42 份，问卷有效率为 95.455%。无训练的学生 138 份，收回 117 份，回收率为 84.783%，剔除无效问卷 11 份，得有效问卷 106 份，问卷有效率为 90.598%。总计收回问卷 161 份，剔除无效问卷 13 份，得到有效问卷 148 份，总有效率为 91.925%。在 148 份问卷中，男性 64 人，女性 84 人。其中有训练样本共 42 人，男性 22 人，女性 20 人；无训练样本共 106 人，男性 39 人，女性 67 人。

（二）测量工具

研究采用自我意识量表（Self – Consciousness Scale，SCS）用来测量外显自我的水平。SCS 最初由凡尼斯汀等人编制。[1] 他们提出了自我意识的三因素结构，即自我意识由私我意识、公我意识、社交焦虑三部分组成。其中，私我意识是指习惯性地注意自我中私密的方面，这些方面只有本人才能观察到；公我意识是指习惯性地注意自我中公开的方面，这些方面是别人能够观察和评价的；社交焦虑则反映个体由于感知到他人的存在而引起的不安。原量表中公我意识和私我意识，公我意识和社交焦虑之间均为适度的正相关，而私我意识和社交焦虑之间的相关接近于 0。量表共有 23 个题项，采用 Likert5 点评分，从 0（非常不符合）到 4（非常符合）。这些分量表可以单独使用，也可以组合使用。

该量表发表后，在许多研究中得到应用。同时，后续的一些研究也发展了该量表。[2] 国内对自我意识量表的引进工作是由蒋灿完成的[3]，他根据原量表进行翻译并修订，确定中文修订版自我意识量表

---

① 参见 Fenigstein, A., et al., "Public and private self – consciousness：Assessment and theory", *Journal of consulting and Clinical Psychology*, Vol. 43, No. 4, 1975, pp. 522 – 527。

② 参见 Burnkrant, R. E., and Page, T. J. Jr., "A modification of the Fenigstein, Scheier, and Buss self – consciousness scales", *Journal of Personality Assessment*, No. 48, 1984, pp. 629 – 637；Scheier, M. F. and Carver, C. S., "The Self – consciousness Scale：A revised version for use with general populations", *Journal of Applied Social Psychology*, No. 15, 1985, pp. 687 – 699。

③ 参见蒋灿《自我意识量表的初步修订及相关研究》，硕士学位论文，西南大学，2007 年，第 14—25 页。

的题项（公我意识 7 题、私我意识 10 题、社交焦虑 6 题），最后三个分量表的内部一致性系数分别为：0.700、0.733、0.794。本次研究采用蒋灿的中文修订版，在本次测量中该问卷的信度系数为：0.702（公我）、0.822（私我）、0.809（社交焦虑）。

（三）忘我训练的方法

本研究用于忘我训练的方法是坐忘功（详见第四章内容）。研究以公共选修课为平台，教授被试练习坐忘功，每周集中练习一次（45 分钟），其他时间要求被试每天练功 15 分钟以上。经 10 周后让其参与研究项目，并填写自我意识量表。

（四）数据统计

研究把有效问卷的数据录入 SSPS17.0 软件系统，进行了对应的信度分析、均差检验等统计分析。

二　结果

（一）自我意识的基本统计量

本次自我意识各分量表的基本统计值见表 5–1。其中私我意识的得分最高，公我意识次之，社交焦虑最低。从本次数据看，大学生自我意识得分比蒋灿之前研究所测的数据明显要高（当时测定的数值：公我意识为 2.547，私我意识为 2.882，社交焦虑为 2.362），两者均值的 t 检验达到显著差异水平（$t = 6.217$，$p = 0.003$）。

表 5–1　　　　　**自我意识量表的基本统计值表**

项目	n	M	SD
公我意识	148	3.792	0.540
私我意识	148	3.943	0.475
社交焦虑	148	3.563	0.718

（二）男、女自我意识得分比较

研究把男、女被试的自我意识得分进行比较，结果发现（表 5–2），女生在公我意识、社交焦虑两个分量表上的得分明显高于男生，而在私我意识上的得分与男生接近，两者的均值检验未达到显著差异。

表 5－2　　　　　　　　男、女自我意识得分的比较表

项目		n	M ± SD	t	p
公我意识	男	61	3.679 ± 0.589	－ 2.144 *	0.034
	女	87	3.870 ± 0.491		
私我意识	男	61	3.987 ± 0.525	0.936	0.351
	女	87	3.913 ± 0.436		
社交焦虑	男	61	3.421 ± 0.746	－ 2.041 *	0.043
	女	87	3.663 ± 0.684		

（三）有无忘我训练被试的自我意识得分比较

为了检验忘我训练是否对被试的自我意识水平产生影响，研究把坐忘组与对照组被试的自我意识得分进行比较。发现坐忘组被试在公我意识和社交焦虑两个分量表上的得分明显低于对照组，而在私我意识分量表的得分略微高于对照组，但两者的均数差异未达到显著水平（详见表 5－3）。

表 5－3　　　　　有、无忘我训练被试的自我意识得分的比较表

项目		n	M ± SD	t	p
公我意识	坐忘组	42	3.650 ± 0.620	－ 2.032 *	0.044
	对照组	106	3.848 ± 0.497		
私我意识	坐忘组	42	3.979 ± 0.538	0.569	0.570
	对照组	106	3.929 ± 0.449		
社交焦虑	坐忘组	42	3.294 ± 0.853	－ 2.948 **	0.004
	对照组	106	3.670 ± 0.630		

三　讨论

总体来看，大学生的自我意识量表得分比 10 年前有了显著的提升，其中私我意识得分最高，公我意识次之，社交焦虑最低，这一特点与过去相似。这表明随着社会的发展，当下的大学生比过去更加寻求个性自由与独立，同时对于自我和他人的互动以及由此带来的适应问题的自我关注倾向得到加强。这显然是和独生子女的教育模式以及国家改革开放的社会氛围有关。比较而言，女性在公我意识、社交焦

虑两方面显著高于男性，显示了女性有更高的自我意识水平，这与以前的一些研究结论相类似。[①] 其中的原因可能是女性更多地使用人际沟通模式来解决问题[②]，并且女性更在乎别人对于自身外貌的评价[③]，这些都导致了女性对他人评价更加关注。

　　研究表明，坐忘组的被试有着更低（达到显著水平）的公我意识和社交焦虑。这意味着忘我训练能使个体的公我意识、社交焦虑两个维度的得分下降，但私我意识并未受到影响。已有研究表明公我意识与社交焦虑两个分量表具有正相关，两者都与惧怕否定评价负相关。[④] 公我意识是个体表现在社会的、公开的情境下的自我镜像，公我意识过低，个体会规避与他人的交往；但若过高，又会招致他人评价的压力以及惧怕否定的影响。[⑤] 社交焦虑是个体对与他人互动压力反应的感知，其得分过低会影响社交动机，但得分过高却会引发社会评价的功能失调性信念与消极自我图式[⑥]，以及焦虑反应[⑦]。国内以大学生为样本的研究表明，公我意识、社交焦虑的得分与SCL—90各因子呈正相关。[⑧] 可见，过高的自我意识水平会引发心理健康问题。但在中国文化背景下国人往往被要求在任何场合下应具有很高的自我意识水

---

① 参见 Selimbegović，L. and Chatard，A.，"The mirror effect：Self – awareness alone increases suicide thought accessibility"，*Consciousness and Cognition*，Vol. 22，No. 3，2013，pp. 756 – 764；Biolcati，R.，"The role of self – esteem and fear of negative evaluation in compulsive buying"，*Frontiers in Psychiatry*，No. 8，2017，p. 74。

② 参见李昳等《自我关注与社交焦虑：负面评价恐惧的中介与关系型自我构念的调节》，《心理科学》2018 年第 5 期。

③ 参见 Baudson，T. G.，et al.，"More than only skin deep：Appearance self – concept predicts most of secondary school students' self – esteem"，*Frontiers in Psychology*，Vol. 7，2016，pp. 1568 – 1568。

④ 参见蒋灿《自我意识量表的初步修订及相关研究》，第 26—31 页。

⑤ 参见 Fenigstein，A.，"Self – consciousness，self – attention，and social interaction"，*Journal of Personality and Social Psychology*，Vol. 37，No. 1，1979，pp. 75 – 86。

⑥ 参见 Bautista，C. L. and Hope，D. A.，"Fear of negative evaluation，social anxiety and response to positive and negative online social cues"，*Cognitive Therapy and Research*，Vol. 39，No. 5，2015，pp. 658 – 668。

⑦ 参见 Donald，J.，et al.，"Comparison of attention training and cognitive therapy in the treatment of social phobia：A preliminary investigation"，*Behavioural and Cognitive Psychotherapy*，Vol. 42，No. 1，2014，pp. 74 – 91。

⑧ 参见马方圆等《大学新生自我意识及心理健康水平调查研究》，《航空航天医学杂志》2014 年第 7 期。

平，以期与他人、社会相适配。① 加上当下社会的高速发展与竞争的加剧，个体过度的自我关注逐渐成为心理压力的一个重要原因。因此，忘我训练能够降低公我意识与社交焦虑的水平的结论值得重视。它是道家心性炼养具有脱俗归真功能的一个证据。

第三节　忘我训练对内隐自我的影响

一　方法

（一）被试

词性评定被试：23 名公共选修课大学生参与积极词、消极词的评定，其中女生 13 名，男生 10 名。

正式实验被试：56 名大学生，女生 31 名，男生 25 名，平均年龄 20.138 岁。其中对照组 26 人（女 14 人，男 12 人），坐忘组 30人（女 17 人，男 13 人）。被试均为招募而来，随机分到两组。其中对坐忘组教授坐忘功法，对照组给定闭目养神的任务，事后都给予一定酬金。所有被试均为右利手，视力或矫正视力正常，都以汉语为母语。

（二）实验材料

按照内隐联想相关研究的范式，IAT 测验材料分为两种：概念词和属性词。概念词含"我"和"非我"，属性词分为两类："积极"词和"消极"词。为了使词语材料更接近被试的认知习惯，研究组织23 名大学生对主试事先准备好的属性词和概念词进行评定，并根据大家的支持率排序选定词语，词语源自之前的几个研究。② 最终选定属于"我"的词语 8 个（71.260% 的人选择）：我、我们、自己、自

---

① 参见杨中芳《如何研究中国人：心理学本土化论文集》，台北：桂冠图书股份有限公司 1997 年版，第 281—304 页。

② 参见蔡华俭《内隐自尊的作用机制及特性研究》，博士学位论文，华东师范大学，2002 年，第 27—32 页；陈进《多维内隐自我概念的特性与应用研究》，博士学位论文，华东师范大学，2013 年，第 49—52 页；柏阳等《中国人的内隐辩证自我：基于内隐联想测验（IAT）的测量》，《心理科学进展》2014 年第 3 期。

我、本人、自身、俺、自个儿；属于"非我"的词语 8 个（67.623%的人选择）：他、他们、别人、外人、人家、他人、她、她们。积极词 8 个（68.214%的人选择）：聪明、成功、有价值、高尚、自豪、诚实、受尊重、有能力；与此相配对的消极词 8 个（62.330%的人选择）：愚蠢、可恨、罪恶、陈腐、可耻、卑鄙、无能、丑陋。

（三）实验程序

实验设计按 2（组别）×2（前后测）设计进行。正式实验前，主试组织 23 名大学生对事先准备好的概念词和属性词进行阅读舒适性评定，按选中百分比的大小依次挑出 32 个词语（概念词 16 个、属性词 16 个）。将上述 32 个词语制作成图片并输出，利用 IAT 范式设计 E-prime 实验，实验分为 7 个阶段，其中 1、2、5 阶段为学习阶段，3、6 阶段为练习阶段，4、7 阶段为正式实验，每个阶段的开始都有指导语，具体内容和次序见图 5-1。在 E-prime 程序中，以联合任务阶段为例，首先屏幕中央出现一个 150ms 的注视点" + "，接着有一个 300—500ms 的随机空屏，然后出现一个 150ms 的概念词（我/非我），间隔 150ms 后出现一个属性词（积极/消极），被试以 P/Q 键对一致性和非一致性联合任务作出快而准确的反应，反应后 1000ms 进入下一个试次（图 5-2）。

被试分两组，均在实验开始前 3 个月招募完毕，两组被试领有不同的任务。坐忘组由专业老师教授坐忘练习的知识与技术，历时 10 周。首次讲课 90 分钟，此后每周集中一次 45 分钟的练习，其他时间要求被试每天练功 15 分钟以上。至实验开始前，被试反馈人均练功 3.380 次/周（包括集中练功那一次）。对照组首次集中后，讲解实验活动的相关注意事项，让其每天抽时间闭目养神 15 分钟（不能睡着）。至实验前，人均执行 4.627 次/周。

正式实验开始时，主试给被试讲解实验的基本要求后，让被试自行按照指导语提示操作来完成实验前测，由电脑自动记录相关数据。接着，两组按之前的练习执行任务，坐忘组练功 15 分钟；对照组闭目养神 15 分钟。任务结束后用 1 分钟自行进行调整，接着完成实验后测。

Block 1	Block 2	Block 3	Block 4	Block 5	Block 6	Block 7
概念词区分	属性词区分	初次联合任务	初次联合任务	概念词反转	反转后联合任务	反转后联合任务
•我 非我•	•积极的 消极的•	•我-积极 非我-消极•	•我-积极 非我-消极•	•非我 我•	•非我-积极 我-消极•	•非我-积极 我-消极•
20次	20次	20（练习）	40（测试）	20次	20（练习）	40（测试）

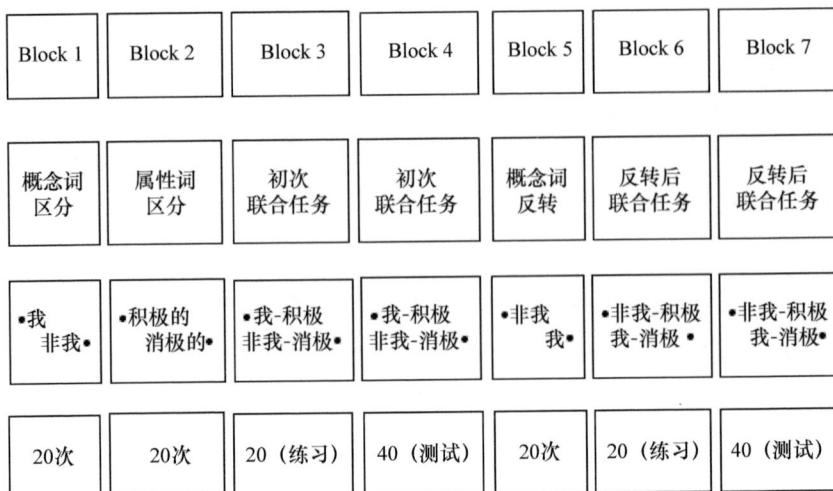

图 5-1　内隐联想材料呈现的次序图

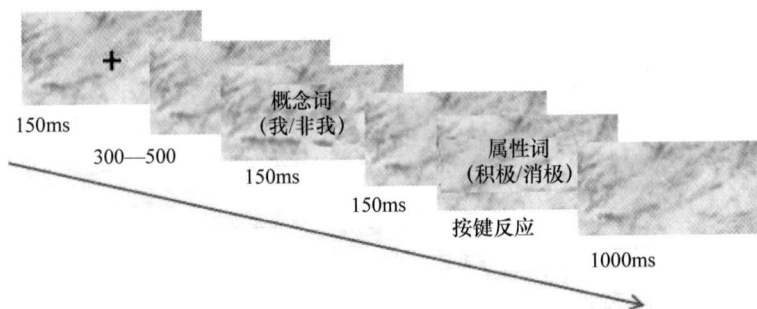

图 5-2　联合任务阶段实验程序示意图

（四）数据处理

本研究对数据进行必要的预处理：被试反应时长于 3000ms 或少于 300ms 重新记分为 3000ms 和 300ms；IAT 测验的前两次测试结果不纳入分析；IAT 测试错误率超过 25% 的被试，不纳入分析。由于以往一些关于 IAT 测验的研究显示所获得的数据呈正偏态分布①，所以本

---

① 参见 Greenwald, A. G. , et al. , "Is self-esteem a central ingredient of the self-concept?", *Personality and Social Psychology Bulletin*, Vol. 14, No. 1, 1988, pp. 34-45；蔡华俭《内隐自尊的作用机制及特性研究》，博士学位论文，华东师范大学，2002 年，第 35 页；吴明证、杨福义《自尊结构与心理健康关系研究》，《中国临床心理学杂志》2006 年第 3 期。

研究对实验数据进行正态分布检验。小样本数据适合用 Shapiro – Wilk
（也称 W 检验）检验，结果（表 5 – 4）显示，各组中均有数据的 W
检验 Z 值处于显著水平，表明测验数据非正态分布。因此，有必要把
数据进行对数转换，在转换后的数据基础上进行统计处理。本研究采
用 SPSS17.0 统计软件包进行统计分析。

表 5 – 4   **各组数据** Shapiro – Wilk **检验（W 检验）结果表**

相容性	W	df	Z
相容 1	0.871	19	0.011
不相容 1	0.918	19	0.043
IAT1	0.963	19	0.135
相容 2	0.873	27	0.003
不相容 2	0.928	27	0.063
IAT2	0.890	27	0.008
相容 3	0.885	24	0.027
不相容 3	0.922	24	0.051
IAT3	0.971	24	0.449
相容 4	0.852	28	0.001
不相容 4	0.851	28	0.001
IAT4	0.913	28	0.023

注：1 为对照组前测；2 为坐忘组前测；3 为对照组后测；4 为坐忘组后测；下同。

二 结果

（一）内隐自我效应

对预处理后各个组别的数据进行整理，其中有效数据情况：对
照组前测为 19 个样本，后测为 24 个样本；坐忘组前测为 27 个样
本，后测为 28 个样本。第 4 个 block 为自我与积极词、他人与消极
词的相容性反应，第 7 个 block 为自我与消极词、他人与积极词的不
相容反应。把每组的相容、不相容反应时进行平均，然后不相容的
反应时减去相容的反应时即为每个被试的内隐自我 IAT 效应值。具

体结果见表 5 – 5。

表 5 – 5　　　　　　　各组前测、后测反应时及其 IAT 效应表

	相容 1	不相容 1	IAT1 ($n = 19$)	相容 2	不相容 2	IAT2 ($n = 27$)
M	643.541	669.403	25.863	667.151	695.666	28.507
SD	29.720	34.050	9.935	65.641	66.295	18.626
	相容 3	不相容 3	IAT3 ($n = 24$)	相容 4	不相容 4	IAT4 ($n = 28$)
M	655.349	678.177	22.828	657.210	674.019	16.809
SD	37.621	39.103	8.654	58.509	58.924	11.912

从上表中不难看出，当自我词与积极词或者他人词与消极词归为一类时（相容），被试的反应时短，反应快；而当自我词与消极词或者他人词与积极词归为一类时（不相容），被试的反应时长，反应慢。分别对前测、后测各组的相容与不相容的反应时进行配对 t 检验，结果（表 5 – 6）显示无论是前测还是后测各组相容与不相容的差异均达到显著水平。进一步计算差异检验的效果量 d 值（即 Cohen 氏 d 值），发现对照组的 d 值分别为 0.600 和 0.809，均处于效应量中等以上水平；坐忘组的 d 值分别为 0.301 和 0.463，处于小到中等水平。其中无论在前测还是后测，IAT 的效应区间大小排序为：坐忘 < 对照。

表 5 – 6　　各组相容、不相容配对 t 检验结果（对数转换，n 值同表 5 – 5）

组别	相容	不相容	df	t	P	d
对照组前测	2.808 ± 0.020	2.825 ± 0.022	18	—11.556	0.000	0.809
坐忘组前测	2.822 ± 0.041	2.841 ± 0.041	26	—8.066	0.000	0.463
对照组后测	2.816 ± 0.025	2.831 ± 0.025	23	—12.817	0.000	0.600
坐忘组后测	2.816 ± 0.037	2.827 ± 0.036	27	7.525	0.000	0.301

（二）内隐自我的组内比较

在上述基础上，本研究考察在前、后测之间每组 IAT 效应的变化。对两组前、后测 IAT 效应值数据进行配对。结果表明（表 5 – 7），坐忘组的前、后测 IAT 值比较达到显著差异水平（$P = 0.005$，$d = 0.768$），显示 IAT 值变化的效果量为中等以上水平，而对照组的 IAT

值的变化未达统计上的显著水平（$P = 0.092$）。两组的前后测总体情况的变化可以从图 5 - 3 直观地呈现出来，两组的后测 IAT 值均变小，但坐忘组的变化更大，下降幅度更为明显。

表 5 - 7　　　**两组前、后测 IAT 配对 t 检验结果（对数转换）表**

配对组		$M \pm SD$	df	t	P
Pair 1	对照组前测	1.366 ± 0.235	18	1.779	0.092
	对照组后测	1.315 ± 0.232			
Pair 2	坐忘组前测	1.346 ± 0.333	26	3.108	0.005
	坐忘组后测	1.069 ± 0.386			

注：$n_1 = 19$，$n_2 = 27$；d（Pair 2）$= 0.768$。

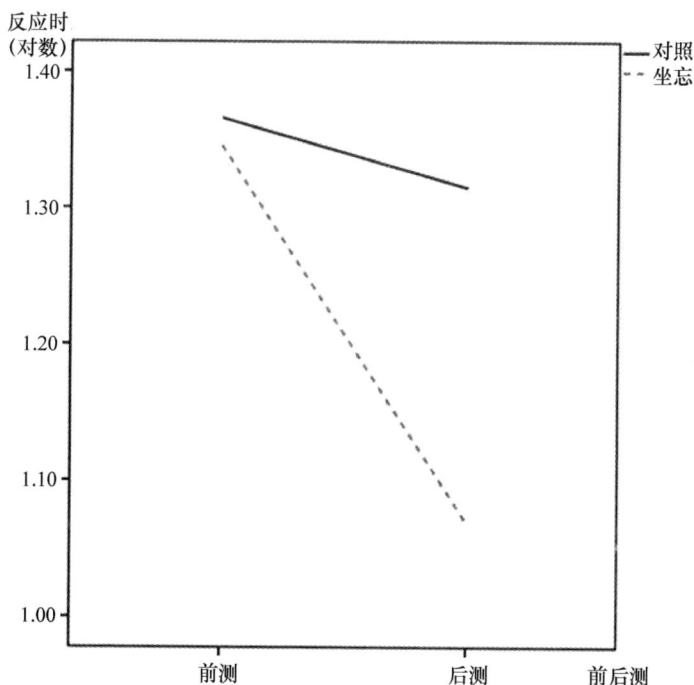

图 5 - 3　组内内隐自我（IAT）效应值趋势图

（三）内隐自我的组间比较

基于本研究是两组前后测的数据特征，采用独立样本 t 检验来考察对照组和坐忘组在前测、后测两个点上内隐自我效应的变化。结果发现，在前测点上对照组和坐忘组的 IAT 效应值没有达到显著差异，而在后测点上两者的 IAT 效应值的差异达到显著水平（$P = 0.011$，$d = 0.729$，详见表 5－8），表明两者在后测时 IAT 的效应值有很大差异。我们看到图 5－4 后测的线段特别陡峭，比较直观地反映出这一点。

表 5－8　　　　　两组 IAT 独立样本 t 检验结果（对数转换）表

	组别	$M \pm SD$	n	F	df	t	P
前测	对照组	1.366 ± 0.235	19	7.447^{**}	43.992	0.238	0.813
	坐忘组	1.346 ± 0.333	27				
后测	对照组	1.318 ± 0.211	24	11.361^{**}	42.604	2.675	0.011
	坐忘组	1.088 ± 0.393	28				

注：d（后测）$= 0.729$。

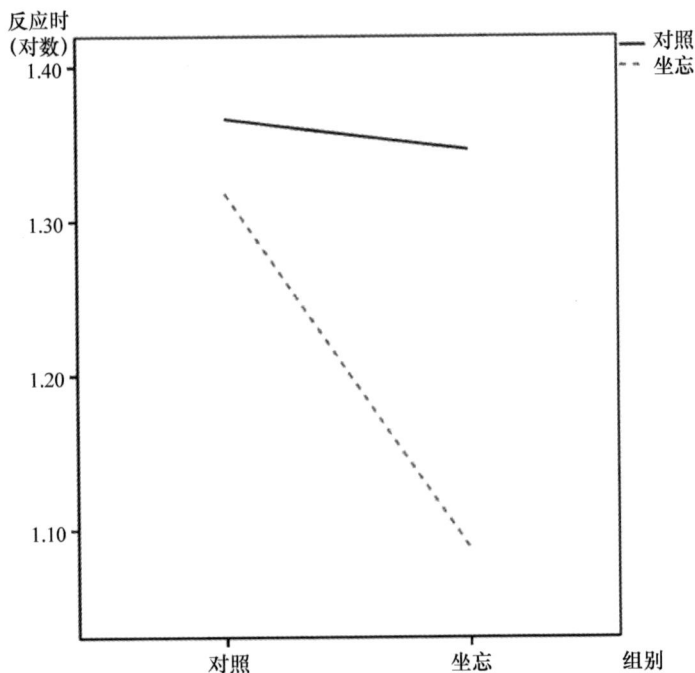

图 5－4　组间内隐自我（IAT）效应值趋势图

三　讨论

（一）忘我训练能够降低内隐自我的水平

从实验结果看，无论是坐忘组还是对照组，其在前测、后测的相容反应和不相容反应的时间差值存在显著差异（d 值在 0.301 和 0.809 之间，实验效果达到中等以上水平）。在相容任务中，概念词和属性词的关系与被试的内隐态度一致或二者联系较紧密，此时辨别任务更多依赖自动化加工，相对容易，因而反应速度快，反应时短；在不相容任务中，概念词和属性词的关系与被试的内隐态度不一致或二者缺乏紧密联系，这往往会导致被试的认知冲突，此时辨别任务更多依赖复杂的意识加工，相对较难，因而反应速度慢，反应时长。因此两者反应时的差值即为 IAT 效应。实验结果证明内隐自我的 IAT 效应显著存在，即被试在知觉自我以及自我与外界事物关系时存在内隐成分，这与已有的内隐研究的结论是相一致的。①

总体上，两组在前、后测水平上的 IAT 效应均表现出下降的趋势，但坐忘组的后测明显低于前测，效应值达到中等以上水平（d = 0.768）。对照组的 IAT 效应值在前、后测有差异，呈下降趋势，但差异未达到统计的显著水平。这说明单次的忘我训练和闭目养神都能在一定程度上降低 IAT 效应，但忘我训练的效果更加明显，具有统计学意义。另外，不管是前测还是后测，对照组的内隐效应均高于坐忘组，其中在前测水平上两者的差异未见显著（p = 0.813），在后测水平上坐忘组的内隐效应显著低于对照组（p = 0.011，d = 0.729）。这表明与对照组相比，坐忘组的内隐效应水平更低，下降更快。换言之，忘我的练习会降低个体内隐自我的水平，特别是在练习之后的短时间内，这种降低作用非常明显。

（二）忘我训练调节内隐自我的价值

自我平衡理论认为，自我的结构是一个相互关联的网络结构，自

---

① 参见 Greenwald, A. G. , et al. , "Measuring individual differences in implicit cognition: The implicit association test", *Journal of Personality and Social Psychology*, No. 74, 1998, pp. 1464 – 1480；蔡华俭《内隐自尊的作用机制及特性研究》，博士学位论文，华东师范大学，2002 年，第31—32 页；吴明证、杨福义《自尊结构与心理健康关系研究》，《中国临床心理学杂志》2006 年第 3 期。

我与自我特征、群体、概念以及评价之间均存在连接。① 自我的活动根据平衡一致（balance - congruity）原则和不平衡不一致（imbalance - dissonance）原则进行活动，即个体在概念和态度上保持相对一致的自动化倾向。自我驱动理论认为，内隐自我的心理过程是由于自我保护等需要而产生的驱动所引起的。当自我或内群体受到威胁时，个体对外群体或他人的刻板印象便会在内隐水平被激活②，进而形成一种有利于维护自我形象的心理过程。可见，内隐自我是一种不受意识监控的心理活动，它具有自动化的特点。

内隐自我与个体的认知、情绪以及行为都有一定的关联，其对心理健康的影响大多是通过积极或消极的自动联结而产生的。③ 因此，内隐自我的自动联结既有自我保护的积极意义，但也往往造成个体知觉的去个性化或自我的刻板化④，给个体带来自我适应、社会认同、群际关系等消极影响。道家忘我观念倡导万物齐平而各有其用，并通过渐进的忘我修习使自我意识从各种烦琐的经验和固化反应中解放出来，回归到无偏而自由的精神状态。因此可以说忘我训练在一定程度上阻断了个体自我意识的自动联结的内隐机制，使内隐自我的效应下降，打破了自我的刻板化，为自我的重新建构提供了可能。这与前面提到的自我抽离视角（self - distanced perspective）有些类似，两者都是从超越自我中心的观点看待问题，都把自己作为客体来审视。⑤ 所不同的是，自我抽离是把自己放在旁观者的视角进行观察，而忘我是

① 参见 Greenwald, A. G. and Farnham, S. D., "Using the implicit association test to measure self - esteem and self - concept", *Journal of Personality and Social Psychology*, Vol. 79, No. 6, 2000, pp. 1022 - 1038。

② 参见 Spencer, S. J., et al., "Automatic activation of stereotypes: The role, of self - image threat", *Personality and Social Psychology Bulletin*, No. 24, 1998, pp. 1139 - 1152; Sinclair, L. and Kunda, Z., "Reactions to a black professional: motivated inhibition and activation of conflicting stereotypes", *Journal of Personality and Social Psychology*, Vol. 77, 1999, pp. 885 - 904。

③ 参见廖翌凯等《内隐自我与心理健康》，《西南大学学报》（社会科学版）2008 年第6 期。

④ 参见高承海、万明刚《内隐理论影响社会认同》，《中国社会科学报》2018 年 9 月 5 日第 P006 版。

⑤ 参见 Kross, E., et al., "'Asking why' from a distance: Its cognitive and emotional consequences for people with major depressive disorder", pp. 559 - 569。

把自己放在宇宙（或道）的视角来观察。因此，由忘我带来的内隐自我水平的变化对于自我的重新建构以及自我的和谐适应具有非常积极的意义。

第四节　小结

根据忘我训练对外显自我和内隐自我的影响进行研究，得出以下结论。

（1）大学生自我意识分数比十年前有了显著提升，总体上私我意识得分最高，公我意识次之，社交焦虑最低；在性别差异上，女生的公我意识与社交焦虑明显高于男生。

（2）忘我训练能使个体的公我意识分数下降，社交焦虑分数下降，但私我意识并未受到影响。

（3）忘我训练会降低个体的内隐自我的水平，特别是在进行忘我的练习之后的短时间内，这种降低作用非常明显。

（4）忘我训练改变了自我意识活动的强度与方式，使个体采用类似"自我抽离"的视角来观察自己，对于自我的重新建构以及自我的和谐适应具有积极意义。

第六章

忘我修习对认知的影响：
以去自动化效应为例

在中国传统文化中，道、佛、儒三家均强调"知"的转化与顿悟。忘我修习亦是如此，其中"齐物等观"既是其下手工夫又是精神进阶的关键，它解决了达道的认知论问题，是体道过程中从起点到归宿的桥梁。[①] 因此，考察忘我修习对于认知的影响作用十分必要。本章采用了心理学研究中 Stroop 词—色任务范式和事件相关电位（ERP）技术，对短期忘我修习如何影响认知的去自动化问题进行了讨论。

第一节　引言

人的认知经验具有惯性作用，心理与行为经历反复练习后任务操作会逐渐淡出意识监控而形成自动化。珀斯纳和斯奈德认为，自动化是一种不需要任何目的，不需要耗费认知资源，甚至主体没有意识到心理活动操作的高效能的心理加工过程。[②] 自动化的程式化加工解放了人的意识监控，使人在低能耗状态下完成任务，从而节省了宝贵的认知资源，提高了心理加工的效能。有学者认为自动化的认知过程为

---

① 参见陈少明《自我、他人与世界——庄子〈齐物论〉主题的解读》，《学术月刊》2002 年第 1 期；刘笑敢《"反向格义"与中国哲学研究的困境思想史研究》，《南京大学学报》（社会科学版）2006 年第 2 期。

② 参见 Posner, M. I., Snyder, C. R. R., "Attention and cognitive control", in Solso R L, ed., *Information Processing and Cognition: the Loyola Symposium*, Hillsdale: Erlbaum, 1975。

意识的信息加工提供了基础。[1] 但是，另一些研究表明，自动化在面临竞争加工时会出现单向干扰或双向干扰。[2] 另外，自动化的心理反应也能对健康带来负面影响。比如，当外部事件伴随着无意识和自动化的反应出现时，就很难把事件本身和由事件引发的自动化想法或情绪区分开来。这在抑郁障碍[3]、焦虑障碍[4]、成瘾行为[5]等问题上的研究中得以证明。可见，认知自动化现象使人的信息加工存在刻板化反应甚至是偏见的风险。

因此，在面对创新工作、竞争性深加工、复杂任务以及情绪分离与转换时，对自动化和不受控加工保持合理的注意分配或冲突控制是最为理想的。这就涉及一个去自动化的命题。去自动化与自动化刚好相反，自动化是反复练习后任务操作逐渐淡出意识监控的过程，而去自动化就是要打破这种操作的惯性。传统观点认为，自动化加工是一种无意识加工，不受任何因素的影响。但后来的学者对此进行了修正，认为自动化加工会受到诸如注意、动机、任务集等自上而下因素的影响[6]，其中注

① 参见 Bargh，J. A. and Chartrand，T. L.，"The unbearable automaticity of being"，*American Psychologist*，No. 54，1999，pp. 462–479。

② 参见 MacLeod，C. M. and Dunbar，K.，"Training and Stroop–like interference：evidence for a continuum of automaticity"，*J. Exp Psychol Learn Mem Cogn*，Vol. 14，No. 1，1988，pp. 126–135；Macleod，C. M.，"Half a century of research on the Stroop effect：an integrative review"，*Psychol Bull*，Vol. 109，No. 2，1991，pp. 163–203；Melara，R. D. and Mounts，J. R.，"Selective attention to Stroop dimensions：effects of baseline discriminability，response mode，and practice"，*Mem Cognit*，Vol. 21，No. 5，1993，pp. 627–645。

③ 参见 Abramson，L. Y.，et al.，"Learned helplessness in humans：critique and reformulation"，*Journal of Abnormal Psychology*，Vol. 87，No. 1，1978，pp. 49–74。

④ 参见 Chorpita，B. F. and Barlow，D. H.，"The development of anxiety：The role of control in the early environment"，*Psychological Bulletin*，Vol. 124，No. 1，1998，pp. 3–21。

⑤ 参见 Forsyth，J. P.，et al.，"Anxiety sensitivity，controllability，and experiential avoidance and their relation to drug of choice and addiction severity in a residential sample of substance–abusing veterans"，*Addictive Behaviors*，Vol. 28，No. 5，2003，pp. 851–870。

⑥ 参见 Kiefer，M. and Martens U.，"Attentional sensitization of unconscious cognition：task sets modulate subsequent masked semantic priming"，*J. Experimental Psychology：General*，Vol. 139，No. 3，2010，pp. 464–489；Moore，A.，and Malinowski，P.，"Meditation，mindfulness and cognitive flexibility"，*Conscious and Cogn*，Vol. 18，No. 1，2009，pp. 176–186；Neumann，O.，"Direct parameter specification and the concept of perception"，*Psychological Research*，No. 52，1990，pp. 207–215；Soutschek，A.，et al.，"Dissociable effects of motivation and expectancy on conflict processing：An fMRI study"，*Journal of Cognitive Neuroscience*，Vol. 27，No. 2，2015，pp. 409–423。

意控制和觉察重新引入心理过程是重要的方面。① 一些研究印证了这一点，当注意目标被事先激活②或者采用催眠的手段③可以产生去自动化效应。近期一些关于正念的研究表明通过正念训练能产生显著的去自动化效应。④ 但也有研究对此持不同的结论，认为简短的正念训练未能在自动化任务中取得特异的效果。⑤

目前，在去自动化的相关研究中，Stroop 任务是其常用的范式之一。Stroop 任务要求被试对词汇的词义和颜色进行判断，当词义和颜色不一致时（如红颜色印刷的"蓝"字），就会形成认知冲突。⑥ 一般认为，如果相关训练能够去自动化，往往表现为 Stroop 效应的减少或者是反应时加快（不一致条件时）。因此，Stroop 任务可以用于探索自动性和控制性加工。⑦ 近年来，一些研究者采用综合的方案来研究认知冲突问题。比如在使用 Stroop 任务考察被试认知自动化的行为实验时，可以联合使用 ERP 技术来进行脑机制的

---

① 参见 Deikman, A. J., "A functional approach to mysticism", *Journal of Consciousness Studies*, Vol. 7, No. 11 – 12, 2000, pp. 75 – 91。

② 参见 Moskowitz, G. B. and Li, P., "Egalitarian goals trigger stereotype inhibition: A proactive f orm of stereotype control", *Journal of Experimental Social Psychology*, Vol. 47, No. 1, 2011, pp. 103 – 116。

③ 参见 Raz, A., et al., "Suggestion overrides the Stroop effect in highly hypnotizable individuals", *Consciousness and Cognition*, Vol. 16, No. 2, 2007, pp. 331 – 338。

④ 参见 Radel, R., et al., "Subliminal priming of motivational orientation in educational settings: Effect on academic performance moderated by mindfulness", *Journal of Research in Personality*, Vol. 43, No. 4, 2009, pp. 695 – 698; Moore, A., and Malinowski, P., "Meditation, mindfulness and cognitive flexibility", *Conscious and Cogn*, pp. 176 – 186; 王岩等《正念训练的去自动化效应：Stroop 和前瞻记忆任务证据》，《心理学报》2012 年第 9 期。

⑤ 参见 Anderson, N. D., et al., "Mindfulness – based stress reduction and attentional control", *Clinical Psychology & Psychotherapy*, Vol. 14, No. 6, 2007, pp. 449 – 463; Adam, M., et al., "Regular, brief mindfulness meditation practice improves electrophysiological markers of attentional control", *Frontiers Human Neuroscience*, Vol. 6, No. 18, 2012, pp. 1 – 15。

⑥ 参见 Stroop, J. R., "Studies of interference in serial verbal reactions", *J. Exp Psychol*, Vol. 18, No. 6, 1935, pp. 643 – 662。

⑦ 参见钱秀莹、李传《Stroop 效应及其脑机制研究概述》，《心理学探新》2003 年第 3 期；Adam, M., et al., "Regular, brief mindfulness meditation practice improves electrophysiological markers of attentional control", *Frontiers Human Neuroscience*, Vol. 6, No. 18, 2002, pp. 1 – 15。

探索。① 这使得研究设计的均衡问题有了更多选择，对问题的考察与讨论更加全面。

正念与忘我同属于东方文化。在中国宋代以后逐渐出现万法归宗、道佛同源的思想，使两者具有相通之处。但是，两者又存在诸多差异。首先是注意的指向性不同。正念的注意是指向不断的"变化"，即关注当下刺激，应景即是。忘我的注意是指向道（气、光、虚），即意守一处，此处即道。因为道化万物，物各自生，各运其是，因此忘而相适。其次是资源启动的方式不同。正念是尽量不评价，当下即是。忘我是一视同仁，相适相忘。因为天地同根、万物同源，故要物我两行，顺其自然。再次是认知的参与程度不同。正念强调不评价，基本上属于佛教"定"学范畴。而忘我的齐物认知思想始终贯穿其中，静、慧互倚。最后是哲学基础不同。作为心理学的正念，尽管是以去宗教化的面目示人，但究其哲学思想，毕竟是以"空"为宗，即观人、事、己而不作评价，因为"法""我"两空，评价即起念。与此对应，忘我的哲学思想是"无"（道），忘"有"而住"无"。天下万物生于有，有生于无。它反映了万物的存有与自性，以及物物、物我之间的各司其职、各尽其性、和谐共存的辩证关系。因此，人的意识参与要依道而行，不若无为，相忘于江湖。

如果正念具有去自动化的作用，那么忘我是否也有类似的功能呢？另外，正念与忘我在去自动化的表现上是否存在差异？忘我的修习强调齐物等观的认知倾向，注重认知上的开放性与平等性，把自我与万物放到平等的位置来认识，因而在知觉上具备了自上而下的加工模式和注意分配的灵活性，从理论上讲可以预防认知加工的自动化与刻板化。并且，忘我的修习伴有对身体的存思与观照，身心得到放松，并把外界的干扰因素降到最低。这一方面为高效的认知提供生理基础；另一方面身体也作为具身认知因素纳入中枢加工的过程而使资

---

① 参见 Adam, M., et al., "Regular, brief mindfulness meditation practice improves electrophysiological markers of attentional control", *Frontiers Human Neuroscience*, Vol. 6, No. 18, 2002, pp. 1–15；贺兰森《正念训练对去自动化的影响——基于 Stroop 任务的探讨》，硕士学位论文，北京理工大学，2015 年，第 10—15 页；顾瑛琦《正念的去自动化心理机制及其临床干预效果研究》，博士学位论文，华东师范大学，2018 年，第 51—81 页。

源使用减少。从这个层面上看，忘我修习可能具有去自动化效应，并促进认知的效能。

故此，研究拟采用 Stroop 词—色任务来考察忘我训练对于去自动化的影响。同时，为了精确评估忘我训练如何影响神经元的活动，我们采用 64 导电极帽采集被试在接受计算机 Stroop 任务时的电生理参数，来探索 ERP 成分的变化。早前的一些正念冥想对注意力改变的研究报告了 P3 成分减弱的现象[①]，这是注意瞬脱任务中资源分配能力改善的标志。[②] 此外，还报告过在刺激后 150—260ms 时间范围内出现一个负性偏移的波形（N2 成分）[③]，N2 成分被认为与注意过程有关。[④] 针对此，我们会在研究设计中进行关注与借鉴。另外，本研究还将考察忘我、正念在任务反应上的差别，以及在此任务下的 ERP 成分的异同。基于以往研究多数支持正念有去自动化的作用，我们把对照组也设定了任务，即对照组的被试进行规定时间的闭目养神，以此来考察在去自动化命题上正念、忘我的训练是否优于闭目养神这个日常行为。

第二节　方法

一　被试

实验共招募大学生被试 56 人，其中女生 31 人，男生 25 人，首

① 参见 Cahn, B. R. and Polich, J., "Meditation（Vipassana）and the P3a event – related brain potential", *Int. J. Psychophysiol*, Vol. 72, No. 1, 2009, pp. 51 – 60; Adam, M., et al., "Regular, brief mindfulness meditation practice improves electrophysiological markers of attentional control", *Frontiers Human Neuroscience*, Vol. 6, No. 18, 2002, pp. 1 – 15。

② 参见 Slagter H. A., et al., "Mental training affects distribution of limited brain resources", *PLoS Biol*, Vol. 5, No. 6, 2007, pp. 1228 – 1235。

③ 参见 Cahn, B. R. and Polich, J., "Meditation states and traits: EEG, ERP, and neuroimaging studies", *Psychol. Bull*, Vol. 132, No. 2, 2006, pp. 180 – 211; Adam, M., et al., "Regular, brief mindfulness meditation practice improves electrophysiological markers of attentional control", *Frontiers Human Neuroscience*, Vol. 6, No. 18, 2002, pp. 1 – 15。

④ 参见 Folstein, J. R. and van Petten, C., "Influence of cognitive control and mismatch on the N2 component of the ERP: A review", *Psychophysiology*, Vol. 45, No. 1, 2008, pp. 152 – 170。

次集中介绍实验情况并进行前测后，有 4 人退出，留下 52 人参与实验。实验结束后付给一定的报酬。把被试随机编入各组，其中坐忘组17 人，正念组 17 人，对照组 18 人。坐忘组进行坐忘功的训练，正念组进行正念训练，对照组为闭目养神任务。在为期 10 周的训练中，由主试在集中练功时的观察以及被试自我反馈相结合的方式，剔除练功不合格者（集中练习时不认真或者无自行练习者）5 人，其中坐忘组 3 人，正念组 2 人。至后测时，1 人参加征兵，2 人办理留学，剔除行为反应（不认真作答、极端数据）和脑电数据（动作过多、电极点串联等）不合格的被试 8 人。最后截取 36 人数据进入结果分析，其中男生 17 人，女生 19 人，年龄为 21 ± 1.586 岁。其中坐忘组 10人（男 4 人，女 6 人），正念组 12 人（男 7 人，女 5 人），对照组 14人（男 6 人，女 8 人）。

二　材料与仪器

研究采用了 Stroop 词—色任务。在实验的前、后测试中，Stroop任务使用的刺激是用 4 种颜色书写的"红""蓝""绿""黄"汉字。这 4 个字在一致试验中都以字义同种颜色呈现（如"红"字以红色来呈现），在非一致试验中以不同于字义的颜色来呈现（如"红"字用蓝色来呈现）。

实验程序由 E – prime2.0 软件编制运行，通过计算机呈现刺激和记录反应。此任务是用一台联想 17 英寸的 CRT 显示器（分辨率为1024×768，颜色为真彩色，垂直刷新率为 70Hz）来展示的，显示器距离被试大概为 65cm。所有刺激都位于显示器中心，刺激字的大小为 44 号，背景为灰色。标准 QWERTY 键盘中的四个键用于输入他们的反应："D"（红色，左手中指），"F"（蓝色，左手食指），"J"（绿色，右手食指），"K"（黄色，右手中指）。为了让参与者作出反应时尽可能地舒适，四个键按照各自不同的颜色做了标记。

在实验后测时，进行 Stroop 任务的同时，被试的 EEG 活动由 64导的 eego™放大器和 ANT64 导电极帽用 eego™mylab 记录软件（ANTNeuro 公司生产）记录下来，采样率（A/D Rate）为 500Hz，GND 和CPz 作为地极参考电极，不记录眼电。数据的采集在密闭而安静的隔音实验室内完成。

三 实验的设计

采用 3×2×2 的混合设计。其中组别（坐忘组/正念组/对照组）是被试间因素；测试类型（前测/后测）是被试内因素，前测和后测间隔 80 天左右进行；任务的一致性，即 Stroop 任务的一致性（一致/不一致）是被试内因素。

实验最初安排了颜色—按键对应的学习阶段，其中包括类似于实验分部的 48 个小试验。这一阶段中，系统用声音和突出显示的色调来提示错误，这一阶段完成后，系统会给出测试者准确度和反应时间的反馈信息。实验阶段由三个包含 48 个试次的分部组成，50% 是一致试验，50% 是非一致试验，共计 144 个试验，每一种情况各自为 72 个试验。每一个试验分部持续时间约为 3 分钟，与下一个分部保持 20 秒钟的间隔。

实验的练习部分与正式试验部分的内容和流程一致，屏幕上首先会出现一个注视点"＋"，时长计 500ms；随后出现表示颜色的字，在屏幕上保留 150ms；接着是被试反应阶段，时长 1750ms。自刺激字出现，至被试作出反应，则表示本次试验结束，电脑会自动记录反应数据；若刺激字出现后被试直至整个反应阶段的时间用完也未能作出反应，则电脑自动记为错误试次。被试作出反应后会出现 850—1100ms 等不定时长的间隔作为结尾，然后自动进入下一个试验，整个过程见图 6-1。实验开始时，显示器上会出现指导语，并要求被试尽快而且尽可能准确地做出反应。被试首先接受 48 个试次的练习，正确率达到 85% 以上者才能进入正式实验。

所有被试接受了关于本次实验详细信息的讲解，并签署了知情同意书。随后，进行 Stroop 行为试验，所得数据作为基线水平，同时也默认为实验的前测水平（T1）。在第一次测试中，为了均衡试验的环境，所有被试均戴上电极帽（实际上未进行脑电数据采集）执行 Stroop 任务。测试完成后分别编入各组，进行各组规定的练习任务。80 天后对所有被试进行后测（T2），后测时记录 Stroop 任务反应时以及 EEG 信号。

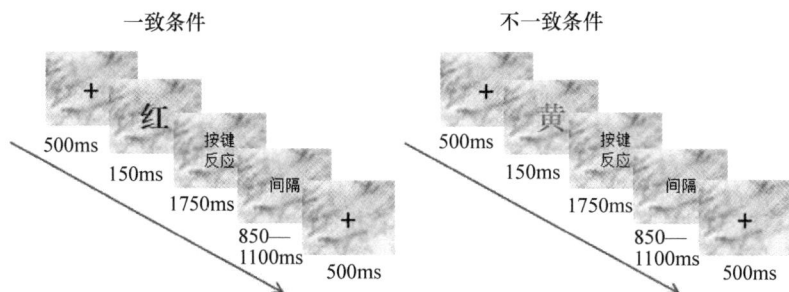

图6-1 实验流程示意图

四 坐忘和正念的训练方法

本研究用于 10 周干预方案的忘我训练的方法以及对照组被试的任务与前面研究相同（见第四章）。

正念练习参照正念认知疗法（Mindfulness – Based Cognitive Therapy，MBCT）[①] 和正念减压训练（Mindfulness – Based Stress Reduction，MBSR）的内容进行设计。[②] 本研究主要考察简短训练的效果，因此采用躯体扫描和观呼吸的技术。躯体扫描的方法是：从头到脚循序地觉知自己的身体，保持直观感受。观呼吸（observing breathing）是专注并体验自己一呼一吸，每一次呼吸只可在内心做直观标记，不做多余评价。在进行上述训练时，参与者当感知到身体不适感、内心有想法或强烈的情绪体验等情况时，耐心地把注意力拉回到对当下觉知对象的专注上来。整个练习都会强调和引导参与者以不批判的、开放的态度去接受和体验此时此刻的自己，并投入当下的事务中去。

坐忘组与正念组由专业老师教授练习的知识与技术，历时 10 周。首次讲课 90 分钟，此后每周集中一次进行 45 分钟的练习，其他时间

---

① 参见 Segal, Z., et al., "*Mindfulness – based cognitive therapy for depression：A new approach to preventing relapse*", New York：Guilford Press, 2002, pp. 8 – 95。

② 参见 Kabat – Zinn, J., "An outpatient program in behavioral medicine for chronic pain patients based on the practice of mindfulness meditation：Theoretical considerations and preliminary results", *General Hospital Psychiatry*, Vol. 4, No. 1, 1982, pp. 33 – 47；Kabat – Zinn, J., "*Full catastrophe living：Using the wisdom of your body and mind to face stress, pain and illness*", New York：Delacourt, 1990。

要求被试每天练功 15 分钟以上。至实验开始前，坐忘组被试反馈人均练功 3.886 次/周（包括集中练功那一次），正念组被试反馈人均练功 3.560 次/周。对照组首次集中后，讲解实验活动的相关注意事项，让其每天抽时闭目养神 15 分钟（不能睡着）。至实验前，人均执行 4.572 次/周。

五　数据统计

对实验数据进行必要的预处理，包括剔除不良数据、滤波、去伪迹以及窗口数据的截取等。然后把数据录入 SSPS17.0 软件，进行相应的统计分析。

第三节　结果

一　Stroop 实验行为数据分析

（一）行为数据的基本情况

由于实验数据要进行一系列的均数比较和方差分析，我们对总体数据进行了正态分布的检验。结果表明（表 6-1），无论是前测还是后测，一致条件还是不一致条件，数据检验 p 值均大于 0.05，说明数据总体上属于正态分布。

表 6-1　　　实验各数据串的 S—k 正态分布检验结果表

项目	前测		后测	
	一致	非一致	一致	非一致
n	36	36	36	36
M	551.466	627.049	491.137	571.898
SD	92.400	77.447	94.326	111.341
Z	0.942	0.965	0.964	0.964
p	0.059	0.306	0.280	0.292

对被试前测时的反应时、准确率以及一致性条件的总体均值作单因素方差分析，结果见表 6-2。总体上无论是一致条件还是非一致条

件，对照组被试的反应时相对较快，而准确率则相对较低；正念组和坐忘组的反应时相对较慢，准确率相对较高。但是，三组在一致、非一致条件的反应时以及准确率无统计意义的显著差异。表明在初始的基线水平下三组被试的 Stroop 任务表现无明显差别。

表6-2　　实验初始基线水平（T_1）的统计值及方差分析结果表

项目	正念组 （$n=12$）	对照组 （$n=14$）	坐忘组 （$n=10$）	df	F	p
总 RT （ms）	607.931 ±81.662	564.214 ±58.483	601.922 ±107.191	2, 33	1.087	0.349
一致 RT （ms）	568.013 ±90.350	528.704 ±66.696	563.477 ±124.373	2, 33	0.689	0.509
非一致 RT （ms）	647.850 ±76.966	599.711 ±61.755	640.359 ±92.955	2, 33	1.494	0.239
总准确度 （%）	96.831 ±2.443	95.210 ±3.874	96.101 ±3.183	2, 33	1.144	0.331
一致性准确度 （%）	98.170 ±1.852	96.573 ±3.221	97.194 ±2.872	2, 33	1.078	0.352
非一致性准确度 （%）	95.422 ±3.424	94.291 ±5.582	95.204 ±3.363	2, 33	0.243	0.785

取三组前测和后测的反应时，分别对在一致、非一致条件下的结果进行配对检验，结果前测和后测的一致与非一致之间均呈显著差异（表6-3），表明无论前测与后测，无论组别，都存在明显的 Stroop 效应。

表6-3　　各组反应时的一致、不一致的配对比较

组别		M_1-M_2	SD	t	df	P
正念前测	一致—不一致	-79.837	38.764	-7.135	11	0.000
正念后测	一致—不一致	-70.062	36.430	-6.662	11	0.000
对照前测	一致—不一致	-71.008	53.350	-4.980	13	0.000

组别		$M_1 - M_2$	SD	t	df	P
对照后侧	一致—不一致	-84.039	40.577	-7.749	13	0.000
坐忘前测	一致—不一致	-76.882	47.548	-5.113	9	0.001
坐忘后测	一致—不一致	-89.013	78.231	-3.598	9	0.006

（二）行为数据的组内、组间分析

对被试反应时数据取正确反应进行分析，超过 3 个标准差的数据被排除，3 个标准差外的 Stroop 数据占 0.03%。因有效数据的正确率水平较高，且方差分析未发现差异，故不进行深入分析。接着，对各组反应时在一致条件和不一致条件下进行前、后配对比较，并进一步作 3 分组（正念 vs 对照 vs 坐忘）×2 任务（一致 vs 不一致）×2 时间（前测 vs 后测）的重复测量方差分析。以此来考察组内与组间的差异。结果见表 6 - 4 至表 6 - 6。

表 6 - 4　　　　　　　　**各组反应时统计量**

组别	前测		后测	
	一致	不一致	一致	不一致
正念	568.012 ± 90.350	647.850 ± 76.966	544.151 ± 97.863	614.213 ± 94.202
对照	528.704 ± 66.696	599.711 ± 61.755	470.008 ± 87.436	554.047 ± 93.034
坐忘	563.477 ± 124.373	640.359 ± 92.955	457.100 ± 78.253	546.113 ± 145.739

表 6 - 5　　　　**一致和不一致条件下各组前、后测配对比较**

组别		$\overline{x}_1 - \overline{x}_2$	SD	t	df	P
Pair 1	正念一致：前—后	23.862	138.100	0.599	11	0.562
Pair 2	正念不一致：前—后	33.638	110.729	1.052	11	0.315
Pair 3	对照一致：前—后	58.696	113.727	1.931	13	0.076
Pair 4	对照不一致：前—后	45.664	108.536	1.574	13	0.139
Pair 5	坐忘一致：前—后	106.377	92.823	3.624	9	0.006
Pair 6	坐忘不一致：前—后	94.246	121.455	2.454	9	0.037

表 6-6   Stroop 行为实验主体效应的检验结果

变异来源		SS	df	MS	F	p
	时间	128937.371	1	128937.371	11.098	0.002
	时间×组别	28641.448	2	14320.724	1.233	0.305
	误差	383380.015	33	11617.576		
	一致性	217547.772	1	217547.772	258.810	0.000
组内	一致性×组别	358.548	2	179.274	0.213	0.809
	误差	27738.835	33	840.571		
	时间×一致性	232.322	1	232.322	0.140	0.711
	时间×一致性×组别	1007.579	2	503.790	0.304	0.740
	误差	54742.235	33	1658.856		
	截距	4.450	1	4.450	2176.570	0.000
组间	组间	83557	2	41778.895	2.044	0.146
	误差	674621.280	33	20443.069		

如表 6-5 所示，正念组、对照组在一致和不一致条件下其前后测反应时的成绩没有显著的差异。而坐忘组的前后测反应时的差异在一致和不一致条件下均达到显著水平，后测的反应时明显要短于前测。重复测量方差分析显示（表 6-6）：时间变量主效应显著 $[F(1, 33) = 11.098, p = 0.002, \text{partial}\eta^2 = 0.252]$，一致性变量主效应显著 $[F(1, 33) = 258.81, p < 0.0005, \text{partial}\eta^2 = 0.887]$，提示平均 RTs 随着实验的进行明显减少（前测：589.26ms，后测：531.52ms），即对一致性刺激的反应（521.30ms）比对非一致性刺激的反应（599.47ms）要快。其中重要的是，无论组别×时间，或者组别×时间×一致性之间都不存在任何显著性的交互作用（两者分别为：$p = 0.305$ 和 $p = 0.740$）。同时，组间效应也未达到显著水平（$p = 0.146$）。三组反应时的前、后测整体情况可见估算边际均值比较（图 6-2）。

二 实验的 ERP 数据分析

脑电数据离线分析时，所有电极点以 M1、M2 的平均值作为参考点。所有数据用 ASA（4.9 版）软件进行处理，采用 0.1—30Hz、

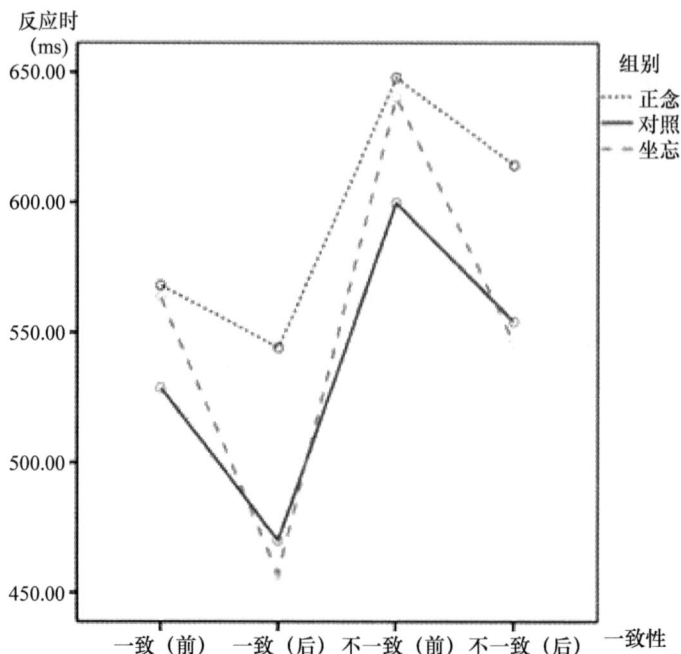

图 6 - 2　各组反应时的估算边际均值比较

24slope［dB/oct］的标准统一滤波。使用软件专用数学算法矫正眼电伪迹，伪迹去除使用默认参数 ± 100μV。被试总试次超过 80.00%，其中正念组 85.00%，对照组 89.00%，坐忘组 82.00%。数据分段以刺激为标记点，截取刺激前 200ms 及刺激后 1000ms 的数据。由于在一些 Stroop 实验范式的研究中，按键反应的 ERP 成分的差异分布往往在顶枕区捕捉到[1]，所以研究把 N2 平均波幅的测量选取左、右后部电极点：PO3，PO4，O1，O2；时间窗定为 200—290ms。P3 平均波幅的测量也选取左、右后部电极点：PO3，PO4，O1，O2；时间窗定为 300—400ms。

---

① 参见 Liotti, M., et al., "An ERP study of the temporal course of the Stroop color – word interference effect", *Neuropsychologia*, No. 38, 2000, pp. 701 – 711；Adam, M., et al., "Regular, brief mindfulness meditation practice improves electrophysiological markers of attentional control", *Frontiers Human Neuroscience*, Vol. 6, No. 18, 2002, pp. 1 – 15。

ERP 数据分析是对 N2 和 P3 的平均波幅，作 3 分组（正念 vs 对照 vs 坐忘）×2 任务（一致 vs 不一致）×2 半球［左（PO3，O1）vs 右（PO4，O2）］×2 时间（前测 vs 后测）的重复测量方差分析。事后比较用 Bonferront 来检验成对比较。

（一）N2 成分

N2 的最大值主要捕获于左后部（PO3，O1）和右后部（PO4，O2）的小簇电极。重复测量方差分析结果表明，时间主效应显著，$F(1, 33) = 59.125$，$p < 0.0005$，partial $\eta^2 = 0.642$；任务主效应显著，$F(1, 33) = 7.537$，$p = 0.01$，partial $\eta^2 = 0.186$。任务×组别×时间交互作用显著，$F(2, 33) = 5.203$，$p = 0.011$，partial $\eta^2 = 0.24$。简单效应分析发现，在一致条件下，组别×时间交互作用不显著，$F(2, 33) = 0.394$，$p = 0.678$。不一致条件下，组别×时间交互作用显著，$F(2, 33) = 12.347$，$p < 0.0005$。

进一步作简单效应分析发现，在不一致条件下，正念组后测（-4.06 ± 2.93）幅值高于前测（-1.22 ± 1.56），$F(1, 33) = 29.72$，$p < 0.0005$；坐忘组后测（-4.40 ± 1.29）幅值高于前测（-0.88 ± 1.08），$F(1, 33) = 38.18$，$p < 0.0005$；而对照组前测（-1.08 ± 2.95）后测（-1.22 ± 2.88）未见显著，$F(1, 33) = 0.08$，$p = 0.781$。由图 6-3 中可见，在一致条件下，200—290ms 视窗出现负波，但前后测的波形走向比较一致。而在不一致条件下，可以看到一个明显的负波，并且正念、坐忘两组前后测的波形差异明显，后侧的波幅明显大于前测。N2 成分脑波柱状图（图 6-4）比较直观地呈现这种变化。

并且，对组间的事后多重比较发现，在不一致的条件下，后测时正念组（-4.06 ± 2.93）和坐忘组（-4.40 ± 1.29）的幅值均高于对照组（-1.22 ± 2.88）［$p = 0.024$；$p = 0.016$］，而正念组和坐忘组之间无明显差异（$p = 0.915$）。

（二）P3 成分

P3 成分的分析中，我们也主要关注左后部（PO3，O1）和右后部（PO4，O2）的小簇电极。重复测量方差分析结果表明，时间主效应显著，$F(1, 33) = 33.321$，$p < 0.0005$，partial $\eta^2 = 0.502$；任务

一致   不一致

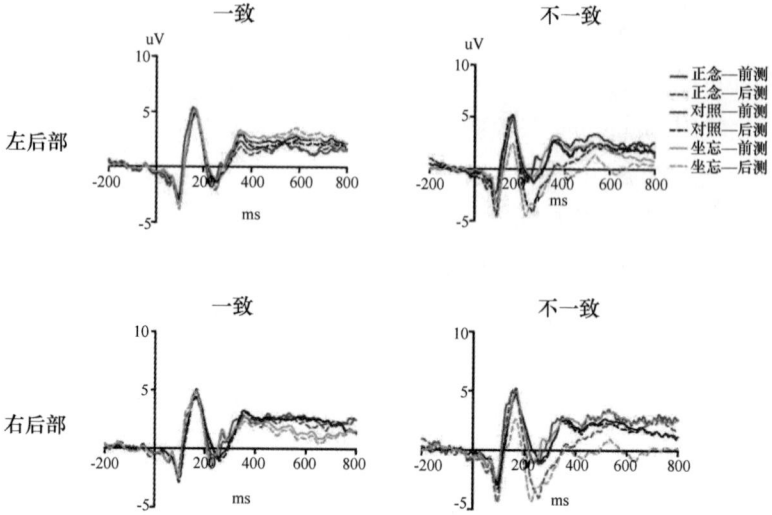

图 6 - 3   N2（200—290ms）& P3（300—400ms）成分的波形图

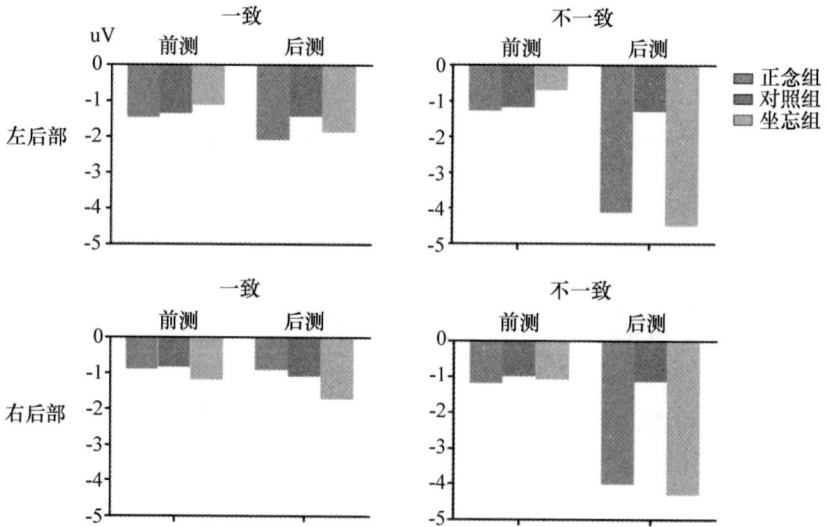

图 6 - 4   N2 成分脑波柱状图

主效应显著，F（1，33）= 10.645，$p = 0.003$，partial $\eta^2 = 0.244$。任务 × 组别 × 时间交互作用显著，F（2，33）= 4.907，$p = 0.014$，partial $\eta^2 = 0.229$。简单效应分析发现，在一致条件下，组别 × 时间交

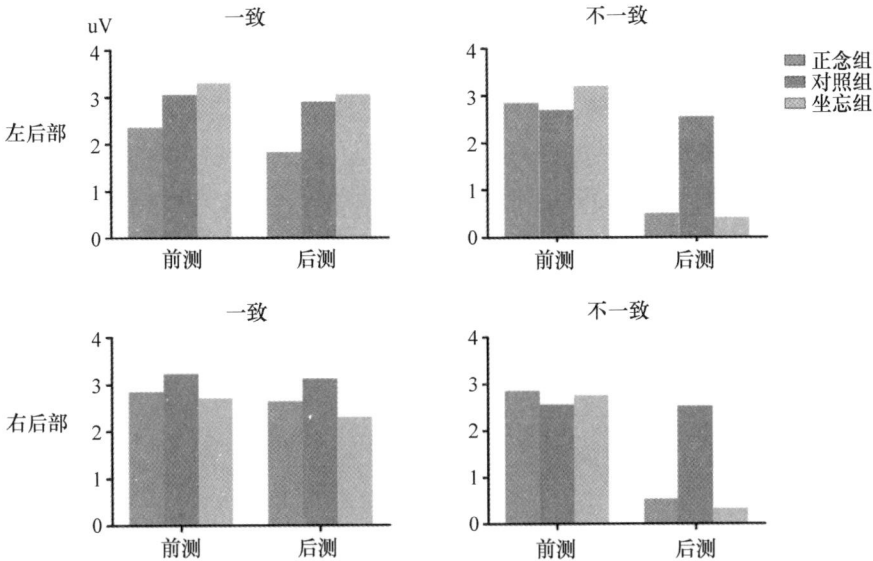

图 6 - 5 P3 成分脑波柱状图

互作用不显著，$F (2, 33) = 0.102$，$p = 0.904$。在不一致条件下，组别 × 时间交互作用显著，$F (2, 33) = 11.499$，$p < 0.0005$。

进一步作简单效应分析发现，在不一致条件下，正念组后测（0.52 ± 1.26）幅值低于前测（2.86 ± 1.14），$F (1, 33) = 31.18$，$p < 0.0005$；坐忘组后测（0.38 ± 0.90）幅值低于前测（2.98 ± 1.94），$F (1, 33) = 32.22$，$p < 0.0005$；而对照组前测（2.62 ± 3.05）后测（2.54 ± 3.14）未见显著差异，$F (1, 33) = 0.05$，$p = 0.818$。图 6 - 3 显示，正念组和坐忘组在 300—400ms 窗口出现一个正波，前后测幅值差异量达到最大。这种情况在柱形图（图 6 - 5）中也得到证实。

并且，对组间的事后多重比较发现，在不一致条件下，后测时正念组（0.52 ± 1.26）和坐忘组（0.38 ± 0.90）的幅值均明显低于对照组（2.54 ± 3.14）［$p = 0.049$；$p = 0.047$］，而正念组和坐忘组之间无显著差异（$p = 0.765$）。

第四节　讨论

一　去自动化效应

从行为实验的结果看，3 组在一致性（一致/不一致）条件下反应时都存在显著差异，证明了 Stroop 效应的存在。在时间上，随着实验的推进，后测的平均反应时比前测平均反应时要短，表明无论是经过正念、坐忘的训练还是闭目养神，3 组的行为反应都变快。只是这种反应速度的提升在正念组和对照组尚未达到显著水平，而坐忘组反应速度的提升无论是在一致还是不一致情况下都达到显著的水平。3 组的平均反应时在组间效应以及各因素的交互作用均未达到显著水平。从理论上讲，可以说不同的任务和训练并未导致 Stroop 任务的成绩出现差异化的结果。但是，在一致和不一致条件下，各组的前、后测反应时的波动有所不同（见图 6-3），其中坐忘组在一致和不一致条件下，前、后测的差值都最大，反映了任务训练带来的变化。以上情况可以说明，尽管正念、坐忘和适当的休息（闭目养神）都能够在一定程度上提升 Stroop 任务的反应速度，但 3 组被试之间的前后测成绩的差异水平是有所不同的。坐忘组在前、后测的成绩差异显著，后测反应时明显变短，坐忘练习明显影响了 Stroop 任务的执行效率，干扰反应得到改善，而其他两组则未达到统计学上的显著水平。

这个结果与研究预期有些出入，即没有发现正念组和对照组之间在行为指标上的差异，甚至是正念组的反应时（无论在前后测因素还是一致性条件）略高于对照组（未达到显著水平）。这一结果与 Adam 等人的研究结论相似，但是与早先的一些研究结论不一致，因为在那些研究报告中，正念冥想者在执行注意和解决冲突的类似测试中要好于对照组。[①]

① 参见 Chan, D. and Woollacott, M., "Effect of level of meditation experience on attentional focus: is the efficiency of executive or orientation networks improved?", *J. Altern. Complement. Med.*, Vol. 13, No. 6, 2007, pp. 651 – 657; Jha, A. P., et al., "Mindfulness training modifies subsystems of attention", *Cogn. Affect. Behav. Neurosci.*, Vol. 7, No. 2, 2007, pp. 109 – 119; Moore, A., and Malinowski, P., "Meditation, mindfulness and cognitive flexibility", *Conscious Cogn*, Vol. 18, No. 1, 2009, pp. 176 –186; 王岩等《正念训练的去自动化效应：Stroop 和前瞻记忆任务证据》，《心理学报》2012 年第 9 期；顾瑛琦《正念的去自动化心理机制及其临床干预效果研究》，博士学位论文，华东师范大学，2018 年。

需要指出的是，国外的几个研究都是横断研究；国内的两个研究虽是纵向设计，但在练功强度上更高（1.5 小时/周，外加家庭练习作业），还有上述研究中对照组是没有任何任务的。这些都与本研究的设计情况存在出入。

二　去自动化的神经机制

与行为测试结果有些不同，坐忘、正念的练习在不一致条件下都会引起大脑左、右侧后部 N2 幅值的增加。在不一致刺激下，坐忘组、正念组的枕顶区域处于激活状态。与之相反，对照组则没有如此表现。这一结果与其他的几个研究相类似。[1] N2 是 200ms 左右出现的负性偏转电位，潜伏期可随着任务的性质出现变化，研究表明 N2 成分与认知控制的早期注意有关[2]，反映了大脑对刺激信息的注意扩增和辨别加工。本研究表明，坐忘组和正念组在实验中呈现出注意增强，任务相关的大脑皮质的激活程度增加。而对照组则对任务表现出一种适应性效应，表现为 ERP 幅值和相关皮质资源强度的降低。

脑部信号监测的第二个差异点表现在 P3 成分，即在不一致条件下坐忘组、正念组的后测 P3 幅值明显减少，两组后测的 P3 振幅均低于对照组，而对照组前、后测 P3 幅值均无明显变化。P3 成分被认为是与个体认知加工能力以及注意资源投入相联系的一个较晚出现的内源性成分，与个体目标认知活动关系密切，主要涉及对刺激信息进行认知评价、作出决策及记忆更新等认知过程。[3] 也有研究者认为颞部或顶部的 P3 成分能反映知觉辨识过程中所发生的注意力资源激活，

---

① 参见 Adorni, R. and Proverbio, A. M., "New insights into name category – relate effects: is the age of acquisition a possible factor?", *Behav. Brain Funct.*, Vol. 5, No. 33; Adam, M., et al., "Regular, brief mindfulness meditation practice improves electrophysiological markers of attentional control", *Frontiers Human Neuroscience*, Vol. 6, No. 18, 2002, pp. 1 – 15。

② 参见贾磊等《刻板印象的认知神经机制》，《心理科学进展》2010 年第 12 期。

③ 参见 Schendan, H. E. and Kutas M., "Neurophysiological evidence for two processing times for visual object identification", *Neuropsychologia*, Vol. 40, No. 7, 2002, pp. 931 – 945; Schendan, H. E. and Stern C. E., "Mental rotation and object categorization share a common network of prefrontal and dorsal and ventral regions of posterior cortex", *Neuroimage*, Vol. 35, No. 3, 2007, pp. 1264 – 1277; Polezzi, D., et al., "Brain correlates of risky decision – making", *Neuro Image*, Vol. 49, No. 2, 2010, pp. 1886 – 1894。

并与冲突性的干扰抑制相关联。① 所以各组 P3 成分的结果提示，经过坐忘或者正念练习的被试在不一致刺激下的认知过程对资源的需求降低了。这一结果与一个以经验丰富的冥想者为被试的研究结论相似②，也与一个以简短正念训练为基础的研究相一致。③

三　去自动化的心理机制以及坐忘与正念的异同

上述研究表明，短程的坐忘练习能够引起 Stroop 任务反应时的变化，后测的反应时变短，并引发 N2 幅值的增加和 P3 幅值的减少。结合相关文献的结论，我们可以推测，坐忘练习可以提升注意执行的效能。ERP 信号显示，坐忘练习者在处理非一致性刺激信息时脑资源分配具有时间序列，先是资源激活（N2 增强），对色词刺激引起的注意越强，然后目标认知过程所占用的资源就越少（P3 减弱），从而产生了去自动化的效应，这和冲突监测理论的观点相吻合。该理论认为，认知控制的核心有冲突监控（conflict monitoring，CM）和执行控制（executive control，EC）模块，前者负责对冲突情境的监测，然后将相关信息传递给后者对冲突进行解决。④ 也就是说脑中枢可以通过注意资源的调配来增强靶信息和抑制分心信息，从而实现控制功能。⑤

本次研究中对正念练习的实验结果也是相似的，发现在不一致刺激下 N2 成分的增强以及 P3 成分的减弱，其 ERP 信号提示其具有去自动化的功能。但是，正念组行为反应时成绩的提升并不显著，甚至反应时的表现不如对照组。这种情况的原因可能是多方面的，首先是正念组的

① 参见 Polich，J.，"Updating P300：an integrative theory of P3a and P3b"，*Clin. Neurophysiol*，Vol. 18，No. 10，2007，pp. 2128 – 2148。

② 参见 Cahn，B. R. and Polich，J.，"Meditation（Vipassana）and the P3a event – related brain potential"，*Int. J. Psychophysiol*，Vol. 72，No. 1，2009，pp. 51 – 60。

③ 参见 Adam，M.，et al.，"Regular，brief mindfulness meditation practice improves electrophysiological markers of attentional control"，*Frontiers Human Neuroscience*，Vol. 6，No. 18，2002，pp. 1 – 15。

④ 参见 Botvinick，M. M.，et al.，"Conflict monitoring and cognitive control"，*Psychol. Rev.*，Vol. 108，No. 3，2001，pp. 624 – 652。

⑤ 参见 Polk，T. A.，et al.，"Attention enhances the neural processing of relevant features and suppresses the processing of irrelevant features in humans：a functional magnetic resonance imaging study of the Stroop task"，*J. Neurosci*，Vol. 28，No. 51，2008，pp. 13786 – 13792。

被试人均周练习的次数最低（实验中 3 组被试反馈的每周练习次数排序为：正念＜坐忘＜对照）。其次是坐忘、正念、闭目养神三者是不同的任务，也许其中引发行为的变化存在一个最低的训练量。最后，客观地讲，若是坐忘、正念的练习能够给认知加工带来积极的影响，那么其他的一些练习也许也存在这种可能性，比如对照组的闭目养神。

当然，我们要注意到，坐忘、正念、闭目养神三者之间存在一些本质的区别。坐忘、正念的练习都伴有对身体的观照过程，其中坐忘更是强调对身体的存思（指意念的锻炼）。[1] 按照具身认知的观点，具身认知加工和离身认知加工共同发生在一个认知过程中，并且身体作为认知的生理基础和载体，总是被优先纳入认知加工过程，通过借助身体的知觉反应以减少对认知资源的使用。[2] 因此，我们不能忽略坐忘、正念的练习所带来的身体参与认知的效应。另外，根据双重控制机制模型，认知控制可分为主动性控制和反应性控制，个体可以针对不同的任务及其情景来调节不同的认知控制模式，来实现认知上的灵活性。[3] 从坐忘的训练特点看，其强调齐物等观的认知倾向，对外物的认知加工可能更符合自上而下的方式，与认知控制的主动性控制模式相符。而正念在训练中强调只关注变化而不评判，对刺激信息可能更多采用自下而上的加工方式，符合认知控制的反应性控制模式。当然，这些推测需要后续研究提供更多的证据。所以，我们可以认为闭目养神或能为去自动化提供某些帮助（比如身心放松），但它与坐忘、正念存在本质的差别。

第五节　小结

研究采用 Stroop 任务考察忘我训练（坐忘功）的认知去自动化效

---

① 参见胡孚琛主编《中华道教大辞典》，中国社会科学出版社 1996 年版，第 972 页。

② 参见毕新《认知控制加工中的具身效应：来自 STROOP 变式实验的证据》，博士学位论文，苏州大学，2015 年，第 113—114 页。

③ 参见 Braver, T. S., et al., "Flexible neural mechanisms of cognitive control within human prefrontal cortex", *Proceedings of the National Academy of Sciences*, Vol. 106, No. 18, 2009, pp. 7351－7356。

应，并把忘我训练与正念练习进行一定的比较。同时，还通过 ERP 信号的探测与分析进一步讨论了忘我与正念的认知控制的神经活动的特点。研究得出三点结论。

（1）短期的忘我训练引起被试 Stroop 任务后测反应时变短，无论是在一致还是不一致条件下被试的任务反应变快，显示出忘我训练的去自动化功能。而正念组和对照组后测成绩有所提升，但未达到显著水平。

（2）在 Stroop 任务的不一致条件下，坐忘组、正念组的被试枕顶区发现 N2 幅值明显增加，以及 P3 幅值明显减少，而对照组并无此变化。提示两组被试在处理冲突信息时，先是脑资源激活，引起注意增强，然后是执行控制过程所占资源减少，从而产生去自动化效应。

（3）忘我、正念在认知去自动化上的积极作用有些类似，但两者的作用机制可能不同，需要进一步的研究探索。

第七章

忘我对心理健康的促进作用

忘我讲求内外两安、性命双修,其终极目标是体道、悟道、得道。其涉及的身、心修持以及精神的净化作用是显而易见的。因此,忘我与心理健康的关系密切。但以往研究大多局限于理论性阐述,缺乏客观数据的推论与支持。本章通过质性研究与量化研究相结合的方法,采用访谈、心理测量和内省法对不同忘我修炼水平者进行比较分析,讨论忘我修习对心理健康的促进作用。

第一节 引言

前面章节提及,在传统道学里,忘我对于修身养性有着非常重要的作用,庄子、司马承祯、白玉蟾、马丹阳、李道纯等大家皆充分论述了忘我在修身证道中的重要性。现代学人也对道家的忘我论述颇多,认为忘我对于身心健康有着很高的价值[①];还有部分学者尝试用实证的方法来证明道家忘我对心理健康的功用。[②] 可见,忘

---

① 参见王生平《试析庄子之"忘"》,《甘肃社会科学》1992 年第 1 期;张宏如《庄子心理健康思想探析》,《社会心理科学》2002 年第 3 期;王大妹《庄子的"万物齐一"观及其心理保健意义》,《南京中医药大学学报》(社会科学版)2010 年第 4 期;李树军、张鲁宁《庄子"心斋"、"坐忘"思想与超个人心理学比较研究》,《河南社会科学》2011 年第 1 期。

② 参见魏玉龙《坐忘态的脑电特异性》,中国针灸学会年会大会论文集 2001 年第 5 册,第 444—445 页;童辉杰等《坐忘、正念、冥想治疗焦虑的心理与脑电变化研究》,《医学与哲学》2017 年第 9B 期。

我对身心健康的促进作用得到了肯定，在这一点上古今学者的认识是一致的。

因此，讨论和研究道家忘我，考证其与心理健康的关系是一个无法绕过的命题。从心理学的视角看，忘我是否有利于心理健康，对哪些心理健康因素产生积极影响，忘我的不同维度对心理健康的影响有何不同，不同忘我水平下其心理健康状况有何区别，这些问题都值得重视。不过，在现有文献中，研究忘我的意义与价值的理论性文章较多，对忘我与心理健康关系的讨论也侧重于定性研究，而对忘我与心理健康关系的定量研究较少，对忘我与心理健康各因素之间的影响关系及其作用机制的探索更是少见。

心理健康通常是指个体知、情、意活动的内部协调与外部适应相统一的良好状态。[①] 心理健康包括生理、智力、情绪、人格、人际关系以及主观感受等方面的协调性和适应性，它是一个动态的概念。对于心理健康的测量，国内研究通常采用症状自评的方式进行确定。因此，症状自评量表（SCL—90）在各个人群中得到普遍应用。[②] 另外，情绪是心理健康的重要指标，西方在 20 世纪 80 年代起就开始把情绪对健康的调节作用进行独立研究。[③] 中国传统文化对于情绪和健康的关系也有系统的阐述，如《黄帝内经》已对情志（"七情"和"五志"）进行系统论述，表明古人主张通过心理疏导治疗情志病，并重视通过调摄精神达到养生保健的目的。[④] 基于此，本研究把情绪变量纳入考察系统。除此之外，乐观作为一种人格特质，被视为心理资本的四个基本维度之一。[⑤] 其理论核心是个人对未来事件的积极期望，相信事件的好结果更有可能发生，表现为一种积极的解释风格，在压

① 参见刘艳《关于"心理健康"的概念辨析》，《教育研究与实验》1996 年第 3 期。

② 参见辛自强等《大学生心理健康变迁的横断历史研究》，《心理学报》2012 年第 5 期；邓丽芳《近 10 年来中国飞行员心理健康状况的元分析》，《心理科学》2013 年第 1 期。

③ 参见 Gross, J. J., "The emerging field of emotion regulation: a integrative review", *Review of General Psychology*, Vol. 2, No. 3, 1998, pp. 271 – 299。

④ 参见刘丽丽、齐向华《五种心理紊乱状态的辨证》，《山东中医药大学学报》2015 年第 4 期。

⑤ 参见 Luthans, F. and Youssef, C. M., "Human, social, and now positive psychological capital management: Investing in people for competitive advantage", *Organizational Dynamics*, Vol. 33, No. 2, 2004, pp. 143 – 160。

力情境下，乐观是调节心理健康和身体健康的一种重要内部资源。[①]
随着积极心理学的兴起，乐观与心理健康的关系日益得到重视，早期
一些研究表明，乐观对心理健康的影响显著。[②] 因此，忘我与乐观之
间的关系也是本研究的考察内容。

　　所以，本研究采取问卷调查的方式对忘我与心理健康的关系和作
用机制进行探索。研究主要以大学生为样本对上述目标进行考察，分
别对高、低忘得分样本以及有、无忘我训练的样本进行比较分析，
并采集了小部分专业修道者的数据进行了比较。与此同时，考虑到忘
我状态是一种自主体验，具有较强的主观性质，故而研究还采用内省
法对忘我训练被试的练功体验进行编码分析，以此作为定量分析的佐
证与补充。

第二节　忘我的心理健康促进效应

一　对象和方法

（一）被试

　　通过方便取样的方式在浙江、北京、重庆、新疆四地高校采用
面对面发放问卷624份，收回537份，回收率为86.058%；剔除无
效问卷42份，剩下有效问卷495份，有效率为92.179%。另外，
通过网络发布的形式获得社会成人问卷51份，剔除无效问卷3份，
剩下有效问卷48份，有效率为94.118%；通过邮寄方式向社会修
道者发放问卷41份，收回问卷37份，回收率为90.244%，剔除1
份无效问卷，剩下有效问卷36份，有效率为97.297%。本轮调查
共得问卷625份，有效问卷579份，总有效率为92.640%（具体情

[①]　参见温娟娟等《国外乐观研究评述》，《心理科学进展》2007年第1期。

[②]　参见 Aspinwall, L. G. and Brunhart, S. M. , "Distinguishing optimism from denial: Opti-
mistic beliefs predict attention to health threats", *Personality and Social Psychology Bulletin*,
Vol. 22, No. 10, 1996, pp. 993 – 1003; Segerstrom, S. C. , Taylor, S. E. , Kemeny, M. E. ,
et al. , "Optimism is associated with mood, coping, and immune change in response to stress",
Journal of Personality and Social Psychology, Vol. 74, No. 6, 1998, pp. 1646 – 1655。

况见表 7 – 1）。

表 7 – 1　　　　　　　　　101 课健康调查样本分布

人口学变量	类别	人数	比值（%）
性别	男	174	30.052
	女	405	69.948
年龄	≤20 岁	238	41.105
	21—25 岁	257	44.387
	26—30 岁	23	3.972
	31—40 岁	25	4.318
	≥41 岁	36	6.218
城乡	城市	195	33.679
	乡镇	384	66.321
训练水平	无训练	484	83.592
	短期训练	59	10.190
	业余长期修炼	23	3.972
	专业长期修炼	13	2.246

（二）工具

1. 忘我问卷

采用正式版忘我问卷（详见第三章）。本次施测问卷的信度系数：总体信度为 0.824，共存认知维度为 0.684，忘我体验维度为 0.848，证悟维度为 0.754。

2. 症状自评量表（SCL—90）

症状自评量表，也称 90 项症状清单（Symptom Checklist 90，SCL—90），由德诺伽提斯（Derogatis）编制。[①] 症状自评量表包含较为广泛的精神症状学内容，包括 9 个因子：躯体化、强迫症状、人际关系敏感、抑郁、焦虑、敌对、恐怖、偏执、精神病性等，此外还有 7 个项目未纳入上述因子，分析时作为附加项目或其他来处理。此量

---

① 参见 Derogatis, L. R., "How to use the system distress checklist（SCL—90）in clinical evaluations, psychiatric rating scale", in Derogatis, R. L. Ed., *Self – Report Rating Scale*, Hoffmann – La Roche Inc, 1975, pp. 22 – 36。

表在国外已广泛应用，国内最早由王征宇引进翻译①，后经金华、吴文源和张明园等主持下制定了正常成人的常模。② 此后，刘恒和张建新又对中学生群体进行了大规模的测查。③ 该量表操作简单，效果良好，已被广泛应用于心理健康的评定与研究。本次施测问卷总体信度为0.984，各维度的信度为0.786—0.925。

3. 正向负向情绪问卷

正性负性情绪量表（Positive and Negative Affect Scale，PANAS）是由活森（Watson）、克拉克（Clark）和特勒根（Tellegen）共同编制的，用于评定个体的正性和负性情绪。④ 量表发表以来，获得了人们的公认。它不仅有较好的信效度，而且简明，使用方便，已被广泛地应用于人们的心理健康评定。⑤ PANAS由20个反映情绪的形容词组成，包含了正性情绪因子和负性情绪因子。正性情绪分高表示个体精力旺盛，能全神贯注和快乐的情绪状况，而分数低表明淡漠。负性情绪分高表示个体主观感觉困惑，痛苦的情绪状况，而分数低表示镇定。量表的中文版由黄丽等人引进，正性情绪信度为0.850，负性情绪信度为0.830。⑥ 本次施测问卷总体信度为0.827，正性维度的信度为0.866，负性维度的信度为0.857。

4. 乐观测验

谢尔（Scheier）和卡沃（Carver）等人认为乐观是一种稳定的人格特质，这种人格特质是单维的双极连续谱，一极是乐观，一极是悲观，并制定了测量乐观的工具—生活取向测验（The Life Orientation Test，

---

① 参见王征宇《症状自评量表（SCL—90）》，《上海精神医学杂志》1984年第2期。

② 参见金华等《中国正常人SCL—90评定结果的初步分析》，《中国神经精神疾病杂志》1996年第5期。

③ 参见刘恒、张建新《我国中学生症状自评量表（SCL—90）评定结果分析》，《中国心理卫生杂志》2004年第2期。

④ 参见Watson, D., et al., "Development and Validation of Brief Measures of Positive and Negative Affect: The PANAS Scales", *Journal of Personality and Social Psychology*, Vol. 54, No. 6, 1988, pp. 1063 – 1070.

⑤ 参见张作记主编《中国行为医学科学（行为医学量表手册）》，中华医学电子音像出版社2005年版。

⑥ 参见黄丽等《正性负性情绪量表的中国人群适用性研究》《中国心理卫生杂志》2003年第1期。

LOT），得分越高表示人越乐观，得分越低表示人越悲观，乐观的人相信好事情比坏事情更有可能发生。[①] LOT 共有 8 个题目，包括 4 个正向描述（我对自己的未来很乐观）和 4 个负向描述（我很少希望幸运的事发生在我身上），采用 5 点 Likert 评分标准，先把负向描述的题目反向记分，然后所有题目相加求出总分，得分越高，表示越乐观。谢尔等人在 1994 年修订了 LOT，修订的测验共 6 个题目，克朗巴哈系数（Cronbach's α）是 0.780，4 个月后的重测信度是 0.680，1 年后的重测信度是 0.600，两年后的重测信度是 0.560，LOT 和 LOT—R 的相关系数 0.900。本次施测的 α 系数：0.614。

（三）统计方法

问卷结果经剔误整理后，录入 SSPS 17.0 软件，进行了描述分析、均数差异检验、相关分析以及回归分析。另外，采用 AMOS 软件进行了模型建构与验证。

（四）共同方法偏差控制

共同方法偏差的控制可分为程序控制与统计控制两个方面。[②] 在程序控制方面，本研究中的测验数据来自不同的被试（大学生、社会人士）。在编制测验中尽量采用不同的项目尺度（4 级或 6 级计分），并设置一些测谎题与反向题。另外，在施测过程中注意保护作答者的匿名性，向被试强调独立作答、如实作答的重要性，并对施测过程中出现的问题进行及时反馈、指导等。

在统计控制方面，采用 Harman 单因素检验，即对本次相关问卷的所有项目进行因子分析，视检验分析结果有无单独因子析出或某个因子总体解释率过高的现象，以评估研究是否存在严重的共同方法偏差问题。对所有题项的因子分析结果显示：问卷初步析出 9 个因子，第 1 个因子解释总变异的 26.146%。以上结果表明本研究不存在严重的共同方法偏差问题。

---

① 参见 Scheier, M. F. and Carver, C. S., "Optimism, Coping, and Health: Assessment and Implications of Generalized Outcome Expectancies", *Health Psychology*, Vol. 4, No. 3, 1988, pp. 219 – 247。

② 参见周浩、龙立荣《共同方法偏差的统计检验与控制方法》，《心理科学进展》2004 年第 6 期。

二 结果

（一）各问卷的基本统计值

各问卷的基本值见表 7 - 2。在忘我问卷中，共存认知的得分均值最高，忘我体验的均值最低，而证悟的离散程度最大。在症状自评量表中，强迫、人际关系、抑郁三个因子得分明显偏高，其中强迫因子分显示为筛查阳性（ >2）。在情绪量表中，正性情绪的得分明显高于负性情绪。LOT 的得分偏高，明显高于理论中值。

表 7 - 2　　　　　　　　　　　各统计量描述统计表

	项目	n	M	SD
忘我	忘我体验	579	2.554	0.9290
	共存认知	579	3.818	0.8470
	证悟	579	3.065	1.014
症状自评	躯体化	579	1.538	0.653
	强迫	579	2.103	0.760
	人际关系	579	1.918	0.784
	抑郁	579	1.810	0.776
	焦虑	579	1.679	0.706
	敌对	579	1.680	0.718
	恐怖	579	1.530	0.615
	偏执	579	1.706	0.693
	精神病	579	1.642	0.663
	睡眠饮食	579	1.727	0.703
情绪	正性情绪	579	3.121	0.701
	负性情绪	579	2.301	0.694
乐观	生活取向	579	3.778	0.583

（二）各问卷得分的人口统计学比较

研究按照性别、城乡（居住地）的人口统计学角度进行比较。结果发现（表 7 -3），男、女被试在忘我问卷的得分存在差异，男性得分高于女性，其中忘我体验、证悟两个维度上男性的得分显著高于女性，而共存认知维度上两者的差异未达到显著水平。男、女被试在乐观上的得分存在显著差异，女性明显高于男性。男、女在症状自评量表和情绪量表上的得分比较接近，所有维度上的得分均没有达到显著差异的水平。在城、乡的比较中（表7-4），除症状自评量表的恐怖维度存在显著差异（$p = 0.045 < 0.05$，乡村被试的得分明显高于城镇被试）外，其余各个得分均未见显著差异。

表7-3   男、女各问卷得分比较表

项目		男（$n = 174$）	女（$n = 405$）	t	p
忘我	忘我体验	2.927 ± 1.069	2.393 ± 0.812	5.901	0.000
	共存认知	3.868 ± 0.877	3.797 ± 0.833	0.922	0.357
	证悟	3.326 ± 1.089	2.952 ± 0.960	3.915	0.000
症状自评	躯体化	1.561 ± 0.671	1.528 ± 0.645	0.548	0.584
	强迫	2.025 ± 0.769	2.136 ± 0.754	−1.614	0.107
	人际关系	1.899 ± 0.826	1.926 ± 0.766	−0.377	0.706
	抑郁	1.781 ± 0.756	1.822 ± 0.784	−0.584	0.560
	焦虑	1.641 ± 0.712	1.695 ± 0.704	−0.843	0.399
	敌对	1.737 ± 0.776	1.655 ± 0.691	1.196	0.233
	恐怖	1.537 ± 0.672	1.527 ± 0.589	0.172	0.863
	偏执	1.751 ± 0.712	1.868 ± 0.685	1.033	0.302
	精神病	1.647 ± 0.694	1.640 ± 0.650	0.123	0.902
	睡眠饮食	1.732 ± 0.721	1.724 ± 0.696	0.128	0.898
情绪	正性情绪	3.149 ± 0.715	3.110 ± 0.696	0.605	0.545
	负性情绪	2.316 ± 0.715	2.295 ± 0.685	0.334	0.738
乐观	生活取向	3.622 ± 0.650	3.846 ± 0.538	−3.996	0.000

表7-4   城、乡得分比较表

项目		城镇（$n = 327$）	乡村（$n = 252$）	t	p
忘我	忘我体验	2.588 ± 0.982	2.509 ± 0.855	1.007	0.314
	共存认知	3.871 ± 0.875	3.750 ± 0.804	1.707	0.088
	证悟	3.125 ± 1.063	2.985 ± 0.943	1.674	0.095

项目		城镇（n = 327）	乡村（n = 252）	t	p
症状自评	躯体化	1.500 ± 0.617	1.588 ± 0.694	− 1.601	0.110
	强迫	2.071 ± 0.755	2.144 ± 0.766	− 1.155	0.249
	人际关系	1.890 ± 0.784	1.954 ± 0.785	− 0.965	0.335
	抑郁	1.794 ± 0.785	1.830 ± 0.764	− 0.551	0.582
	焦虑	1.661 ± 0.710	1.702 ± 0.702	− 0.688	0.492
	敌对	1.668 ± 0.746	1.695 ± 0.682	− 0.455	0.649
	恐怖	1.485 ± 0.589	1.588 ± 0.643	− 2.006	0.045
	偏执	1.731 ± 0.715	1.672 ± 0.664	1.023	0.307
	精神病	1.620 ± 0.645	1.671 ± 0.686	− 0.913	0.362
	睡眠饮食	1.706 ± 0.714	1.753 ± 0.689	− 0.787	0.432
情绪	正性情绪	3.129 ± 0.696	3.112 ± 0.709	0.290	0.772
	负性情绪	2.258 ± 0.670	2.358 ± 0.721	− 1.737	0.083
乐观	生活取向	3.797 ± 0.598	3.755 ± 0.562	0.860	0.390

（三）不同忘我水平下被试心理健康的比较

为了考证忘我得分的高低与心理健康的关系，研究分三步来比较忘我高、低得分者的心理健康状况。第一步先剔除了受过忘我训练（95人）的被试，计算未受过训练的484名被试的总均分，把忘我高分者（27.00%）与忘我低分者（27.00%）在各问卷的得分均值进行比较。结果（表7-5）显示，忘我低分者在症状自评各维度、负性情绪的得分均高于忘我高分者，而正性情绪的得分低于忘我高分者。不过，两者在乐观量表的得分未见显著差异。

表7-5　　　　忘我高分、低分者的心理健康比较表

项目		忘我高分（n = 131）	忘我低分（n = 131）	t	p
症状自评	躯体化	1.375 ± 0.422	1.904 ± 0.851	− 6.369	0.000
	强迫	1.842 ± 0.562	2.664 ± 0.848	− 9.247	0.000
	人际关系	1.626 ± 0.505	2.469 ± 0.902	− 9.334	0.000
	抑郁	1.554 ± 0.489	2.302v937	− 8.111	0.000

续表

项目		忘我高分 (n = 131)	忘我低分 (n = 131)	t	p
症状 自评	焦虑	1.448 ± 0.432	2.096 ± 0.876	-7.595	0.000
	敌对	1.442 ± 0.441	2.123 ± 0.949	-7.459	0.000
	恐怖	1.345 ± 0.413	1.922 ± 0.764	-7.606	0.000
	偏执	1.500 ± 0.454	2.127 ± 0.809	-7.740	0.000
	精神病	1.415 ± 0.407	2.086 ± 0.778	-80747	0.000
	睡眠与饮食	1.541 ± 0.504	2.127 ± 0.881	-6.601	0.000
情绪	正性情绪	3.266 ± 0.718	2.960 ± 0.716	3.454	0.001
	负性情绪	2.176 ± 0.680	2.615 ± 0.757	-4.937	0.000
乐观	生活取向	3.817 ± 0.670	3.695 ± 0.621	1.530	0.127

第二步是比较有坐忘训练和无坐忘训练的被试在各问卷上的得分。表7-6显示,受过训练的被试其忘我问卷的得分均显著高于未受过训练者,而症状自评量表各维度、负性情绪的得分却显著低于未受过训练者。不过,两者在正性情绪、乐观上的得分未见显著性差异。

表7-6　　　　　　有、无忘我训练者的心理健康水平比较表

项目		有训练 (n = 95)	无训练 (n = 484)	t	p
忘我	共存认知	4.103 ± 0.948	3.762 ± 0.815	3.274	0.001
	忘我体验	3.319 ± 1.021	2.403 ± 0.832	8.226	0.000
	证悟	3.590 ± 1.033	2.961 ± 0.979	5.665	0.000
症状 自评	躯体化	1.323 ± 0.454	1.580 ± 0.677	-4.614	0.000
	强迫	1.843 ± 0.577	2.154 ± 0.781	-4.502	0.000
	人际关系	1.656 ± 0.587	1.969 ± 0.808	-4.441	0.000
	抑郁	1.581 ± 0.583	1.854 ± 0.801	-3.897	0.000
	焦虑	1.473 ± 0.579	1.719 ± 0.722	-3.630	0.000
	敌对	1.479 ± 0.492	1.718 ± 0.749	-3.945	0.000
	恐怖	1.362 ± 0.441	1.563 ± 0.638	-3.372	0.000

续表

项目		有训练 （$n = 95$）	无训练 （$n = 484$）	t	p
症状 自评	偏执	1.537 ± 0.548	1.739 ± 0.714	-3.110	0.002
	精神病	1.438 ± 0.420	1.682 ± 0.694	-4.573	0.000
	睡眠与饮食	1.516 ± 0.557	1.768 ± 0.722	-3.828	0.000
情绪	正性情绪	3.172 ± 0.679	3.112 ± 0.706	0.754	0.451
	负性情绪	2.075 ± 0.586	2.346 ± 0.705	-3.980	0.000
乐观	生活取向	3.800 ± 0.544	3.774 ± 0.590	0.396	0.692

　　第三步是对不同忘我训练水平的被试进行比较。本次调查中，经过短期训练（10 周）的大学生被试 59 人，命名为新手组；练习类似功法（道家静功，以清静忘我为特点，接近于坐忘功）1 年以上的社会人士 23 人，命名为业余组；练习类似功法（1 年以上）的道士 13 人，命名为专业组。研究对三组被试进行方差分析，结果显示（表 7-7），三组在共存认知、正性情绪上存在显著的差异，在强迫、负性情绪上面达到边缘显著水平（$0.05 < p < 0.1$），其他各维度均无明显差异。据此，研究对三个小组存在显著或边缘显著的维度进行 LSD 事后检验（表 7-8），结果发现，在共存认知的得分上，新手组明显不如业余组和专业组，业余组和专业组之间尚未达到显著的差异。在忘我体验上，新手组与业余组无显著差异，但专业组的得分明显高于前两者。在证悟的得分上，专业组的分数相对较高，但三组的差异均未达到显著水平。三组在心理健康方面的得分亦存在一些显著差异，在强迫、负性情绪维度上专业组的得分明显低于新手组，而在正性情绪上业余组的得分明显高于新手组。其余尚未发现显著差异。图 7-1 比较直观地反映了总体情况。

表 7-7　　　　　不同训练水平者诸因素的方差分析表

项目	训练情况（$M \pm SD$）			df	F	p
	新手（n_1）	业余（n_2）	专业（n_3）			
共存认知	3.773 ± 0.842	4.461 ± 0.939	4.969 ± 0.637	2	13.468	0.000

续表

项目	训练情况（$M \pm SD$）			df	F	p
	新手（n_1）	业余（n_2）	专业（n_3）			
忘我体验	3.316 ± 0.906	3.051 ± 1.143	3.808 ± 1.184	2	2.349	0.101
证悟	3.571 ± 0.955	3.551 ± 1.188	3.744 ± 1.156	2	0.168	0.846
躯体化	1.302 ± 0.376	1.348 ± 0.493	1.372 ± 0.691	2	0.168	0.846
强迫	1.927 ± 0.520	1.813 ± 0.623	1.515 ± 0.662	2	2.863	0.062
人际关系	1.721 ± 0.601	1.580 ± 0.538	1.496 ± 0.598	2	1.046	0.355
抑郁	1.596 ± 0.482	1.582 ± 0.600	1.515 ± 0.934	2	0.101	0.904
焦虑	1.522 ± 0.432	1.409 ± 0.677	1.362 ± 0.922	2	0.589	0.557
敌对	1.494 ± 0.510	1.544 ± 0.508	1.295 ± 0.341	2	1.141	0.324
恐怖	1.467 ± 0.386	1.286 ± 0.504	1.253 ± 0.551	2	1.195	0.307
偏执	1.523 ± 0.505	1.551 ± 0.612	1.577 ± 0.651	2	0.061	0.941
精神病	1.490 ± 0.402	1.348 ± 0.380	1.362 ± 0.545	2	1.201	0.306
睡眠与饮食	1.475 ± 0.426	1.658 ± 0.600	1.451 ± 0.916	2	1.005	0.370
正性情绪	3.042 ± 0.625	3.439 ± 0.721	3.285 ± 0.736	2	3.170	0.047
负性情绪	2.166 ± 0.621	2.013 ± 0.529	1.769 ± 0.403	2	2.706	0.072
乐观	3.771 ± 0.511	3.877 ± 0.597	3.795 ± 0.624	2	0.307	0.736

注：$n_1 = 59$，$n_2 = 23$，$n_3 = 13$。

表7-8　　　　**不同训练水平者诸因素的事后比较（LSD）表**

项目	组1	组2	$M_1 - M_2$	SE	P
共存认知	新手	业余	− 0.688 *	0.207	0.001
		专业	− 1.196 *	0.258	0.000
	业余	新手	0.688 *	0.207	0.001
		专业	− 0.508	0.292	0.085
	专业	新手	1.196 *	0.258	0.000
		业余	0.508	0.292	0.085
忘我体验	新手	业余	0.266	0.248	0.286
		专业	− 0.492	0.309	0.115
	业余	新手	− 0.266	0.248	0.286
		专业	− 0.757 *	0.349	0.033
	专业	新手	0.491	0.308	0.115
		业余	0.757 *	0.35	0.033

续表

项目	组1	组2	$M_1 - M_2$	SE	P
证悟	新手	业余	0.020	0.256	0.938
		专业	-0.173	0.319	0.589
	业余	新手	-0.199	0.256	0.938
		专业	-0.193	0.362	0.595
	专业	新手	0.173	0.319	0.589
		业余	0.193	0.362	0.595
强迫	新手	业余	0.114	0.139	0.414
		专业	0.412*	0.173	0.020
	业余	新手	-0.114	0.139	0.414
		专业	0.298	0.196	0.133
	专业	新手	-0.412*	0.173	0.020
		业余	-0.298	0.196	0.133
正性情绪	新手	业余	-0.397*	0.163	0.017
		专业	-0.242	0.204	0.237
	业余	新手	0.397*	0.163	0.017
		专业	0.155	0.230	0.504
	专业	新手	0.242	0.204	0.237
		业余	-0.155	0.230	0.504
负性情绪	新手	业余	0.153	0.142	0.282
		专业	0.397*	0.176	0.027
	业余	新手	-0.153	0.142	0.282
		专业	0.244	0.200	0.225
	专业	新手	-0.397*	0.176	0.027
		业余	-0.244	0.200	0.225

注：$n_1 = 59$，$n_2 = 23$，$n_3 = 13$。

（四）忘我与心理健康的相关性

为了考察忘我与心理健康的相关性，研究把忘我的3个因子与症状自评、正性负性情绪、乐观的各维度进行相关分析。结果显示（表7-9），忘我的3个因子与症状自评量表的各维度均具有显著的负相关（相关系数为-0.455——-0.111）；忘我的3个因子与情绪具有显著的相关性（与正性情绪的相关系数为 0.120—0.307，与负性情绪的相关系数为 -0.383— -0.105）；忘我的 2 个因子与乐观具有显著的相关性，其中忘我体验与乐观的相关不显著。

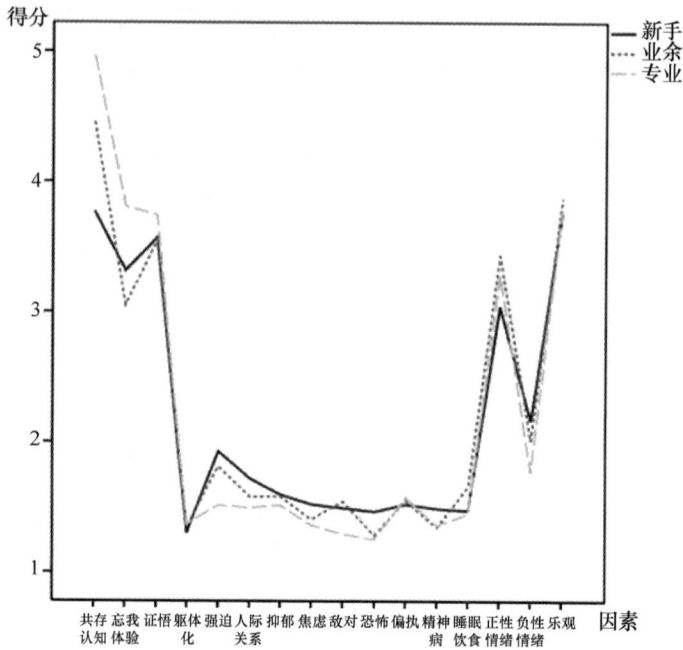

图 7 - 1　不同忘我训练水平者忘我得分与心理健康水平比较图

表 7 - 9　　忘我与症状自评、情绪以及乐观的相关（$n = 579$）表

	躯体化	强迫	人际关系	抑郁	焦虑	敌对	恐怖
忘我体验	-0.111 **	-0.211 **	-0.183 **	-0.160 **	-0.147 **	-0.148 **	-0.145 **
共存认知	-0.385 **	-0.455 **	-0.474 **	-0.410 **	-0.445 **	-0.433 **	-0.405 **
证悟	-0.223 **	-0.264 **	-0.280 **	-0.279 **	-0.268 **	-0.252 **	-0.246 **

	偏执	精神病	睡眠饮食	正性情绪	负性情绪	乐观
忘我体验	-0.111 **	-0.131 **	-0.125 **	0.128 **	-0.105 *	-0.004
共存认知	-0.443 **	-0.434 **	-0.348 **	0.120 **	-0.383 **	0.092 *
证悟	-0.203 **	-0.261 **	-0.260 **	0.307 **	-0.222 **	0.149 **

注：* P<0.05，* * P<0.01，* * * P<0.001，下同。

（五）忘我对心理健康的影响

1. 忘我对症状自评的回归分析

研究考察忘我训练对症状自评的影响关系，首先把性别、年龄、婚姻状况、城乡、训练水平等因素作为第一层自变量；其次把忘我的3个因子作为第二层自变量，把症状自评的总均分作为因变量，进行分层回归分析。由表7－10可见，分层回归产生3个模型，VIF值均小于2，各自变量不存在共线性问题。在第一个模型中，训练水平率先进入模型（标准化系数为－0.116，R^2为0.012）；在第二个模型中，训练水平、共存认知进入模型（标准化系数分别为－0.109、－0.465，R^2为0.227）；在第三个模型中，训练水平、共存认知、证悟进入模型（标准化系数分别为－0.077、－0.434、－0.156，R^2为0.248）。在回归方程中，其余变量被排除在模型之外。表明训练水平越高，共存认知、证悟的得分越高，症状自评的总均分就越低。其中三者对症状自评的影响权重从大到小分别为：共存认知、证悟、训练水平。

表7－10　　人口学变量、忘我各因子对症状自评总均分的分层回归分析表（$n = 544$）

因变量	自变量	非标准化系数	标准化系数	调整 R^2	t	F	VIF
1 症状自评	训练水平	−0.230	−0.116	0.012	−2.708 **	7.331 **	1.000
2 症状自评	训练水平	−0.216	−0.109	0.227	−2.877 **	80.670 ***	1.000
	共存认知	−0.364	−0.465		−12.328 ***		1.000
3 症状自评	训练水平	−0.154	−0.077	0.248	−2.038 *	60.697 ***	1.043
	共存认知	−0.340	−0.434		−11.435 ***		1.043
	证 悟	−0.100	−0.156		−4.670 ***		1.087

注：性别、年龄、婚姻、城乡等人口学变量以及忘我体验因子被排除在模型之外。

为了进一步考察忘我与症状自评量表各维度的影响关系，研究把人口学变量、忘我的各因子作为自变量，把症状自评量表的每个维度作为因变量，分别进行分层回归分析。结果在以躯体化、焦虑、抑郁、敌对、精神病、睡眠和饮食等维度为因变量时，回归分析结果与以量表总分为因变量的结果一致。但在强迫、人际关系、恐怖三个维度上婚姻状况变量也进入模型。其中在以强迫为因变量的回归中（$df = 4$，$F = 38.786^{***}$），训练水平、婚姻、共存认知、证悟的标准化系数分别为 -0.066、-0.051、-0.404、-0.146，R^2 为 0.218；在人际关系的回归方程中（$df = 4$，$F = 45.397^{***}$），训练水平、婚姻、共存认知、证悟的标准化系数分别为 -0.061、-0.047、-0.427、-0.165，R^2 为 0.246；在恐怖的回归方程中（$df = 4$，$F = 32.415^{***}$），训练水平、婚姻、共存认知、证悟的标准化系数分别为 -0.088、-0.051、-0.363、-0.145，R^2 为 0.188。另外，在以偏执为因变量的回归方程中（$df = 2$，$F = 69.147^{***}$），只有训练水平和共存认知两个变量进入模型（标准化系数分别为 -0.095、-0.440，R^2 为 0.201）。共存认知、证悟两个因子对症状自评的各个维度的回归系数均达到显著水平，其中共存认知的系数绝对值更大，而忘我体验的回归系数未达到显著水平。这在总体上与以症状自评总均分为因变量的回归分析的结论是一致的。

2. 忘我对情绪的回归分析

把忘我、人口学变量作为自变量，正性情绪与负性情绪分别作为因变量进行分层回归分析。结果发现（表 7 – 11），各自变量不存在共线性问题，证悟和忘我体验对正性情绪的线性相关达到显著水平（标准化系数分别为 0.354、-0.114，R^2 为 0.088），即证悟对正性情绪具有正向预测作用，而忘我体验对正性情绪具有较弱的反向预测作用。其余变量则被排除在模型之外。

表 7 – 11　　人口学变量、忘我对正性情绪的分层回归分析表（$n = 544$）

因变量	自变量	非标准化系数	标准化系数	调整 R^2	t	F	VIF
1 正性情绪	证悟	0.202	0.288	0.081	7.003**	49.040***	1.000
2 正性情绪	证悟	0.249	0.354	0.088	7.020**	27.235***	1.517
	忘我体验	-0.089	-0.114		-2.250*		1.517

注：性别、年龄、婚姻、城乡、训练水平等人口学变量被排除在模型之外。

在忘我、人口学变量对负性情绪的分层回归分析中（表 7 – 12），

训练水平、共存认知和证悟进入线性模型（标准化系数分别为
-0.058、-0.339、-0.117，R^2 为 0.147），具有明显的反向预测作
用，其中共存认知的影响权重最大，证悟次之，训练水平则较微弱，
各自变量之间不存在共线性问题。而其余变量与负性情绪的线性相关
没有达到显著水平。

表7-12　人口学变量、忘我对负性情绪的分层回归分析表（$n=544$）

因变量	自变量	非标准化系数	标准化系数	调整 R^2	t	F	VIF
1 负性情绪	训练水平	-0.189	-0.087	0.006	-2.039^*	4.159^*	1.000
2 负性情绪	训练水平	-0.178	-0.082	0.136	-2.051^*	43.704^{***}	1.000
	共存认知	-0.310	-0.363		-9.090^{***}		1.000
3 负性情绪	训练水平	-0.127	-0.058	0.147	-1.444	32.208^{***}	1.043
	共存认知	-0.290	-0.339		-8.388^{***}		1.043
	证悟	-0.082	-0.117		-2.841^{**}		1.087

注：性别、年龄、婚姻、城乡等人口学变量以及忘我体验因子被排除在模型之外。

3. 忘我对乐观的回归分析

忘我、人口学变量对乐观（生活取向）的分层回归分析显示
（表7-13），性别会对乐观产生影响，女性在乐观量表的得分更高，这
与前面的结果一致。证悟和忘我体验对乐观的回归方程成立，其回归系
数达到显著水平，其中证悟对乐观具有正向的预测作用，忘我体验具有
较弱的反向预测作用，各自变量间不存在共线性问题。而共存认知对乐
观的回归系数未达到显著水平，因而不具备预测作用。

表7-13　人口学变量、忘我对乐观的分层回归分析表（$n=544$）

因变量	自变量	非标准化系数	标准化系数	调整 R^2	t	F	VIF
1 乐观	性别	0.224	0.174	0.028	4.114^{***}	16.921^{***}	1.000
2 乐观	性别	0.256	0.199	0.059	4.729^{***}	17.928^{***}	1.019
	证悟	0.105	0.180		4.289^{***}		1.019

续表

因变量	自变量	非标准化系数	标准化系数	调整 R^2	t	F	VIF
3 乐观	性别	0.233	0.181	0.066	4.245 ***	13.863 ****	1.054
	证悟	0.145	0.248		4.864 ***		1.517
	忘我体验	-0.079	-0.121		-2.330 *		1.569

注：年龄、婚姻、城乡、训练水平等人口学变量以及共存认知因子被排除在模型之外。

（六）忘我对心理健康的整合模型

前文的相关分析和回归分析表明，忘我各因子与心理健康之间存在一定的关联。为了更为清晰、明了地探析忘我的三个因子与心理健康之间的关系，本研究以共存认知、忘我体验、证悟为自变量，以症状自评、正性情绪、负性情绪、乐观为因变量，运用 Amos 统计软件，构建结构方程来探索和验证诸变量的关系。

研究把本次问卷调查总样本（$n = 579$）根据 1—2—2—1 的序列拆分成两半，一半用作探索性分析，一半用作验证性分析。首先，采用一半的数据进行结构方程模型的构建，并对初始模型进行多次尝试与探索，形成忘我对心理健康的结构方程模型路径图（图 7 - 2）。其中各项拟合指标较为理想（表 7 - 14），均达到测量学的要求。[1] 接着，用另一半数据对探索性模型进行验证。结果模型的各项拟合指标均比较理想（表 7 - 14），模型的路径系数均达到显著水平，并且验证模型的各项拟合指数以及路径系数与探索性模型大致相近（图 7 - 3）。这表明数据的探索性结构方程模型具有合理性，并得到另外 50.00% 的样本数据的支持。因此，探索性模型所展示的变量关系与影响权重可以视为忘我与心理健康关系的最终解释。

表 7 - 14　　忘我对心理健康的结构方程各模型的拟合指数

模型	χ^2/df	RMR	GFI	AGFI	NFI	IFI	TLI	CFI	RMSEA
探索	1.069	0.013	0.995	0.971	0.990	0.999	0.997	0.999	0.016
验证	1.007	0.012	0.995	0.972	0.990	1.000	1.000	1.000	0.005

[1]　参见侯杰泰等《结构方程模型及其应用》，教育科学出版社 2004 年版，第117—119 页。

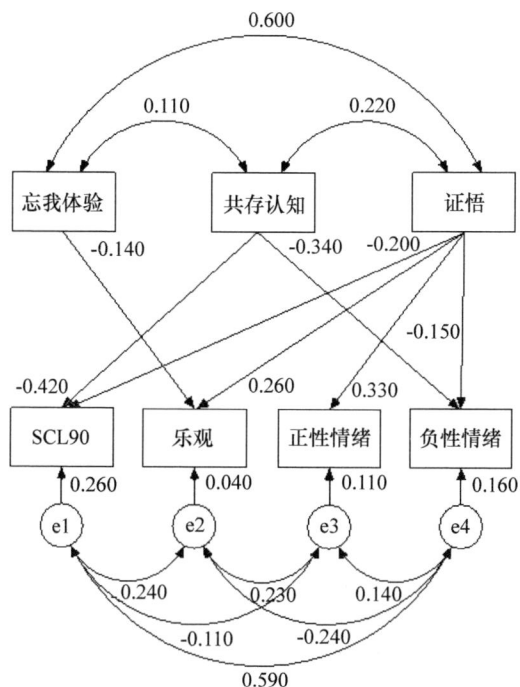

图 7 - 2　忘我对心理健康的作用的探索性结构方程模型图

三　讨论

(一) 忘我对心理健康的促进效应

数据分析结果显示，忘我得分与症状自评、情绪、乐观等量表分数具有显著的相关性 (表 7 - 7)。忘我的三个维度与 SCL—90 各维度、负性情绪具有负相关，其中与共存认知的相关度最高，均达到中等程度的相关。忘我与正性情绪具有正相关，其中与证悟的相关度最高，达到中等水平的相关。证悟、共存认知两因子与乐观的相关达到显著水平，但总体上相关性较弱。之后的回归分析 (表 7 - 8 至表 7 - 13) 以及结构方程模型的分析 (图 7 - 2 至图 7 - 3)，显示了忘我对心理健康的预测作用。其中，共存认知对 SCL—90、负性情绪具有较好的反向预测作用，即共存认知得分越高，症状自评与负性情绪的得分就越低。证悟对正性情绪、乐观具有显著的正向预测作用，而对 SCL—90、负性情绪具有反向预测的作用。这些结果表明，忘我能够

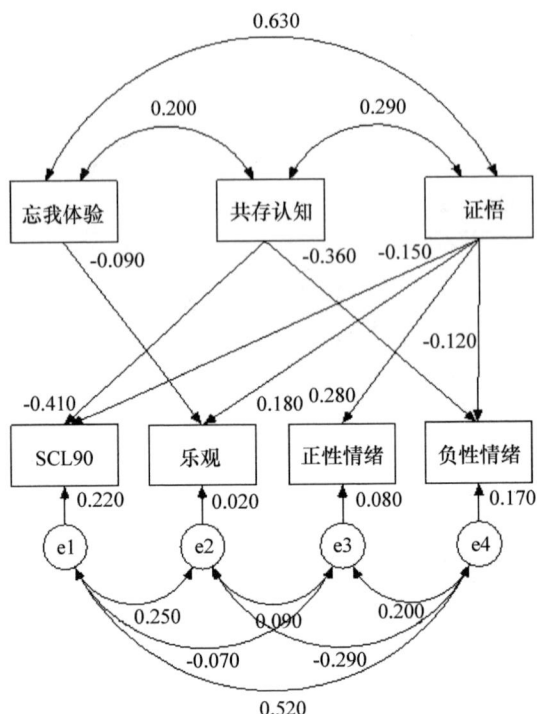

图 7 – 3 忘我对心理健康的作用的验证性结构方程模型图

增进正性情绪，抑制负性情绪，降低心理症状，从而促进心理健康的水平。

同时，研究分别进行了组间、组内的差异比较。组间比较（表7 – 6）的结果显示，训练忘我组的得分更高，而在 SCL—90 各维度以及负性情绪上的得分更低。表明忘我训练对于心理健康有着明显的促进作用。国内童辉杰团队曾用实验法比较了实验组和对照组的抑郁、焦虑的得分，发现坐忘练习能够降低被试的焦虑、抑郁的得分，这与本研究的结论一致。① 尽管不同研究之间对于忘我的训练方法会有所不同，但研究框架基本相似，这预示着研究结论是客观可信的。组内

① 参见童辉杰《抑郁与忘我体验》，《神经疾病与精神卫生》2001 年第 1 期；童辉杰等《坐忘、正念、冥想治疗焦虑的心理与脑电变化研究》，《医学与哲学》2017 年第 9B 期；童辉杰等《坐忘对心理症状的干预效果及脑机制研究》，《中国特殊教育》2017 年第 9 期。

比较是在未经训练以及不同训练水平的人群中进行的，未经训练人群比较的结果（表 7-5）显示，忘我高分组在 SCL—90 各维度以及负性情绪上的得分更低，在正性情绪的得分更高；不同训练水平人群的比较结果（表 7-7 至表 7-8）表明，忘我训练投入越多，忘我得分越高，情绪调节能力就越强。结合组间、组内比较的结果，充分表明无论是生活中经历的忘我体验还是经过专门的忘我训练，其对于心理健康的积极作用都达到显著水平。

（二）忘我对心理健康促进作用的特点与机制

上文讨论了忘我对心理健康的促进作用。这里需要关注的是，忘我的三个因子与心理健康的关系存在差异。共存认知和证悟与心理健康的关联度较高，而忘我体验与心理健康各因素的关联度相对较低。这似乎与前面的研究有些出入（第三章"忘我的含义与构念"和"忘我问卷的编制"中，忘我体验与特质焦虑的相关系数 r 值为 -0.300，达到中等程度的相关，而本次问卷调查忘我与焦虑的相关系数 r 值为 -0.147；第四章"忘我状态的生理特征"中，在忘我状态下个体的心率、呼吸降低，肌电值的幅值下降，脑电的 α 波、θ 波更强，β 波的活动相对较弱，出现放松入静的身心和谐状态）。也与魏玉龙关于坐忘能够促进静心安神的研究结论不一致。[1]

其实，如果客观、动态地分析研究中的忘我，是能够解释上述结论的。首先，本研究中 SCL—90 问卷的焦虑维度以及情绪问卷都属于短期情绪状态，与"忘我的含义与构念"和"忘我问卷的编制"中的特质焦虑尚有区别。特质焦虑指个体对广泛的威胁性刺激作出焦虑反应的一种相对稳定的行为倾向[2]，这有点类似于心理特质。本次样本大多数是没有接受忘我训练的大学生，所测得的忘我亦类似于一种心理特质，故而与特质焦虑的关联度相对较高，与状态焦虑的关联度相对较低。其次，与忘我测量的时间点不同有关。在"忘我状态的生理特征"中，检测到的各项生理指标是在忘我状态下的即刻数据，反

---

① 参见魏玉龙《坐忘态的脑电特异性》，中国针灸学会年会大会论文集 2011 年，第 5 册，第 444—445 页。

② 参见戴晓阳主编《常用心理评估量表手册》，人民军医出版社 2010 年版，第 156—160 页。

映了忘我训练那一刻的除躁入静的心理功能。而本次问卷调查是在生活状态下对被试的随机测量，反映的是个体忘我的经验以及由此形成的观念和态度。因此两者得出的结论存在差异。

从本次研究看，共存认知对于心理症状和负性情绪的消减具有显著效应，表现出认知重构与疗愈的功能。证悟则在此基础上还具有增进正性情绪和积极乐观的精神，表现出情绪调节和精神赋能的功能。而忘我体验尽管有类似的关联性，但都是弱相关，在结构方程模型分析中未有显著的影响路径，反而对乐观具有一定的反向作用。这可能与忘我体验本身的特性有关，因为物我两忘即预示着"好的"与"坏的"都归于"忘"，都归于"一"（"道"），自然各种相关性也就弱化了。另外，在"忘我"结构的分析中（见第三章"忘我的含义与构念"和"忘我问卷的编制"），共存认知是个体外物外念、达成忘境的基础，而达成忘境之后的目的是得道证悟。可见，在道家思想中，忘我体验只是个法门，其目的是通过这个法门使心性得到炼养与超越。也就是说，在忘我的过程中个体对内、外世界的认识发生了改变，使自我（小我）整合到自然宇宙（大我）的和谐关系中去，从而体悟到超拔于现实的高峰体验。当然，忘我体验与心理健康的关系尚需进一步的研究与探索，才能得出一个完整的结论。

（三）忘我的训练及其效能

在本次调查中，不同群体其忘我的得分具有差异性，其中，男性在忘我体验、证悟上的得分明显高于女性（表 7 - 3）。这可能与注意认知机制的性别差异有关，因为练功是一种自发的精神状态，而在无提示条件下男性的注意资源分配的广度要优于女性[1]，因此男性对于忘我体验的捕获更多。同时，这也可能与情绪事件记忆的性别差异有关，有研究表明女性比男性更容易记住情绪事件，面对情绪唤醒刺激以及后继记忆时，女性有更多的脑结构参与进去。[2] 这意味着女性比男性可能更多地受到情绪事件的干扰，进入理想的忘我状态可能更为不易。另外，本次研究也反映出不同训练水平下忘我状态的差异。可见，在普通人群以及

---

①　参见王李艳等《视觉选择性注意中性别差异的眼动研究》，《心理科学》2010 年第 2 期。

②　参见李雪冰、罗跃嘉《情绪和记忆的相互作用》，《心理科学进展》2007 年第 1 期。

练习人群中忘我这一心理活动都存在"量"的大小变化，并且这种"量"的变化可以是生活中累积而成的，也可以通过一定的练习而达成。这意味着忘我既是一种以道家认知为核心的综合能力；又是一种可以久积成习并具有一定稳定性的类似于心理特质的心理现象。

　　不同水平的忘我训练，其忘我得分以及心理健康的水平是不同的。如图 7-1 显示，专业组的忘我、正性情绪得分更高，负性情绪、SCL—90 的大多数维度的得分更低，总体上显示较高的心理健康水平。尽管本次分组比较的样本数比较小，但在心理健康层面上，有忘我训练者优于无忘我训练者，强度高的训练者优于强度低的训练者，这已充分说明了忘我训练对于心理健康的功用。另外，大学生经过短期训练，证悟与忘我体验因子的得分与业余组差别不大，甚至与专业组亦比较接近。这一方面是大学生受过良好的教育，具有较强的认知能力；另一方面表明了忘我训练的理论与技术具有实操性。这些都说明了忘我是可以训练的，并且对心理健康具有积极作用。这对忘我在今后的心理健康教育以及临床上的应用非常有意义。

第三节　忘我训练的内省研究

一　对象和方法

（一）被试

　　本次被试由两部分组成。一部分是经过 10 周忘我训练的大学生 95 人（分期进行训练），称为新手组，其中男性 50 人，女性 45 人。另一部分是长期练习道家静功（接近于坐忘功）的道士与高级知识分子 19 人，称为老手组，其中道士 13 人，高级知识分子 6 人，男性 14 人，女性 5 人。两部分共计 114 人，其中男性 64 人（占 56.140%），女性 50 人（占 43.860%）。

（二）方法

　　研究采用内省报告的方法来探索被试忘我状态的心理机制，作为问卷调查研究的补充。具体做法即让被试在安静、舒适的环境下按照研究者给定的问题报告自己真实的相应的心理活动，然后对报告材料

进行评价赋分，最后进行统计分析。内省报告的问题列表（表 7 -
15）是在前期访谈的基础上形成的，部分参考了王极盛关于气功心理
学的调查题项。[①] 问题列表分为练功描述、练功感受、练功获益、忘
我体验几个部分。结合每个部分的实际情况以及回答的用语习惯，每
个问题的赋分等级会有所不同。

　　新手组的内省报告是研究者在最后一次训练课程结束后，组织被
试按给定的问题列表进行报告并记录；老手组的内省报告是由研究者
在约定时间里请被试就给定的问题进行追忆并记录。之后，请三位心
理学硕士研究生对所有报告按评分标准进行赋分编码。最后，把数据
录入 SSPS. 17 软件，进行相应的统计分析。

表 7 - 15　　　　　　　　　内省报告的问题列表

问题类别	编号	具体内容	评分等级
练功描述	1	练功之前的心理状态	1 消极—9 积极
	2	练功结束时的心理状态	1 消极—9 积极
	3	练功的深度	1 极浅—9 极深
	4	状态的稳定性	1 不稳—9 很稳
	5	最佳状态的时间点	1 开始时—5 结束时
练功感受	1	身体的感觉	1 紧张感—9 身体不存
	2	情绪状态	1 烦躁—9 虚静
	3	状态的自我效能	1 不好—9 极好
	4	奇妙体验（隔离放空、欢愉感、物我同一、证悟、超觉）	无计"0"，有计"1"
练功获益	1	对身心健康的影响	1 消极—9 积极
	2	对个性的影响	1 消极—9 积极
	3	对工作生活的影响	1 消极—9 积极
	4	副作用	1 很多—5 没有
忘我体验	1	忘我体验的频次	1 很少—5 很多
	2	忘我体验的程度	1 很浅—5 很深

---

① 参见王极盛《中国气功心理学》，第 119—151 页。

二 结果

（一）评分者信度

为了保证对报告材料评价的可靠性，在正式赋分之前，我们请三位研究生（评分者）对 4 份由研究助理作答的内省报告进行预评价，并对赋分过程中出现的各种问题与疑问进行充分的沟通。接着，由三位评分者独立对所有内省报告进行赋分。最后，研究对三份评分结果进行肯德尔和谐系数（Kendall's coefficient of concordance）检验。结果显示（表 7-16），各题项的 W 值为 0.598—0.827，相对应的 χ^2 检验 p 值为 0.000—0.024，表明接受一致性假设。[①] 可见，三位评分者的打分标准较为一致，也预示着本次对报告材料的赋分是可靠的。

表 7-16　　　　　　　　评分者信度表（$n=3$）

项目	功前状态	结束状态	练功深度	状态稳定性	自我效能	时间点	身体感受	情绪变化
W	0.628	0.711	0.780	0.827	0.620	0.598	0.732	0.586
χ^2	33.895	38.376	42.106	44.646	33.499	32.308	39.553	31.661
df	18.000	18.000	18.000	18.000	18.000	18.000	18.000	18.000
p	0.013	0.003	0.001	0.000	0.015	0.020	0.002	0.024

项目	奇妙体验	身心影响	个性影响	生活影响	副作用	卷入程度	忘我次数
W	0.758	0.823	0.809	0.609	0.824	0.649	0.599
χ^2	40.907	44.461	43.679	32.894	44.480	35.031	32.372
df	18.000	18.000	18.000	18.000	18.000	18.000	18.000
p	0.002	0.000	0.001	0.017	0.000	0.009	0.020

注：奇妙体验包括：隔离放空、欢愉感、物我同一、证悟、超觉 5 种。

（二）内省报告各问题的初步分析

首先，研究把三位评分者的分数进行平均取值，均数作为最终的分析数据。其次，把内省报告的 4 个方面 15 个题项作为内容分析主

---

① 参见胡咏梅《对评分者信度检验中零假设的更正》，《学科教育》2001 年第 11 期。

体。接着，我们把内省报告各个问题的计分中间值作为理论中值，当作数据比较的基本参考值。另外，我们把练功变化率（变化率≤功后状态－功前状态≥功后状态）也作为一个指标进行考察。

本次内省报告赋分的基本统计量见表7－17，除了功前状态、奇妙体验、忘我频次3个问题的赋分低于理论中值外，其余的得分均高于理论中值。把报告的各项问题总体得分与理论中值进行 T 检验，结果两者的分数存在显著的差异（$t = 2.122$，$p = 0.043$），报告的实际总均分（$M = 4.957$）明显高于理论总均分（$M = 3.700$）。研究的总体样本在忘我训练前、后两阶段的心理状态有着明显的变化，功前、功后的均值比较存在显著差异（$t = 17.260$，$p = 0.000$），功后心理状态的得分（$M = 6.643$）明显高于功前得分（$M = 4.497$），总体的练功变化率为 0.314 ± 0.150。

表 7－17　　　　　　内省报告的基本统计量表（$n = 114$）

访谈内容		理论中值	M	SD
练功描述	功前状态	4.500	4.497	0.832
	功后状态	4.500	6.643	1.019
	练功深度	4.500	5.557	1.467
	状态稳定性	4.500	5.634	1.324
	最佳时间	2.500	3.282	0.582
练功感受	身体感觉	4.500	5.261	1.432
	情绪变化	4.500	5.435	1.275
	自我效能	4.500	6.033	2.158
	奇妙体验	0.500	0.321	0.172
练功获益	身心影响	4.500	7.251	2.682
	个性影响	4.500	6.987	0.652
	生活影响	4.500	7.010	0.566
	副作用	2.500	4.150	0.702
忘我体验	忘我程度	2.500	3.803	0.615
	忘我频次	2.500	2.495	0.764

（三）内省报告的性别比较

男性与女性的各项指标的比较情况见表7－18。结果显示，男、女对于练功最佳状态的时间点上的描述存在显著差异（$p = 0.000 < 0.050$），男性练功者估计自己进入最佳状态的时间点要比女性练功者靠后。另外，在奇妙体验、练功深度这两个问题上的差异达到边缘显著的水平（其 p 值分别为 0.077、0.090），相对而言，男性报告自己进入练功状态更深，奇妙体验更多。这与前面问卷研究的结果相呼应（男性忘我体验因子得分明显高于女性）。其余各项均无统计意义上的差异。总体而言，男、女在各个题项上的报告比较接近，但都比理论中值明显要高（奇妙体验除外，具体见图 7－4）。

表 7－18   **内省报告的男、女比较表**

访谈内容		男性（$n = 64$）	女性（$n = 50$）	t	p
练功描述	功前状态	4.458 ± 0.882	4.549 ± 0.767	− 0.566	0.572
	功后状态	6.661 ± 1.098	6.619 ± 0.918	0.217	0.829
	练功变化率	0.318 ± 0.143	0.308 ± 0.161	0.354	0.724
	练功深度	5.760 ± 1.546	5.285 ± 1.323	1.713	0.090
	状态稳定性	5.776 ± 1.340	5.444 ± 1.291	1.316	0.191
	最佳时间	3.591 ± 0.471	2.986 ± 0.527	4.059	0.000
练功感受	身体感觉	5.429 ± 1.537	5.042 ± 1.262	1.417	0.159
	情绪变化	5.604 ± 1.290	5.208 ± 1.231	1.638	0.104
	自我效能	5.915 ± 1.047	6.188 ± 3.068	− 0.656	0.513
	奇妙体验	0.353 ± 0.257	0.279 ± 0.184	1.712	0.077
练功获益	身心影响	7.011 ± 0.896	7.556 ± 3.916	− 1.053	0.295
	个性影响	6.950 ± 0.702	7.036 ± 0.585	− 0.673	0.502
	生活影响	6.989 ± 0.569	7.036 ± 0.568	− 0.425	0.671
	副作用	4.206 ± 0.664	4.067 ± 0.756	0.969	0.335
忘我体验	忘我程度	3.814 ± 0.668	3.789 ± 0.547	0.212	0.833
	忘我频次	2.590 ± 0.771	2.375 ± 0.746	1.468	0.145

（四）内省报告的新手、老手比较

研究对新手、老手的练功报告赋分均值进行比较，结果发现（表 7－19），除练功获益部分以及忘我体验程度题项之外，其余各题

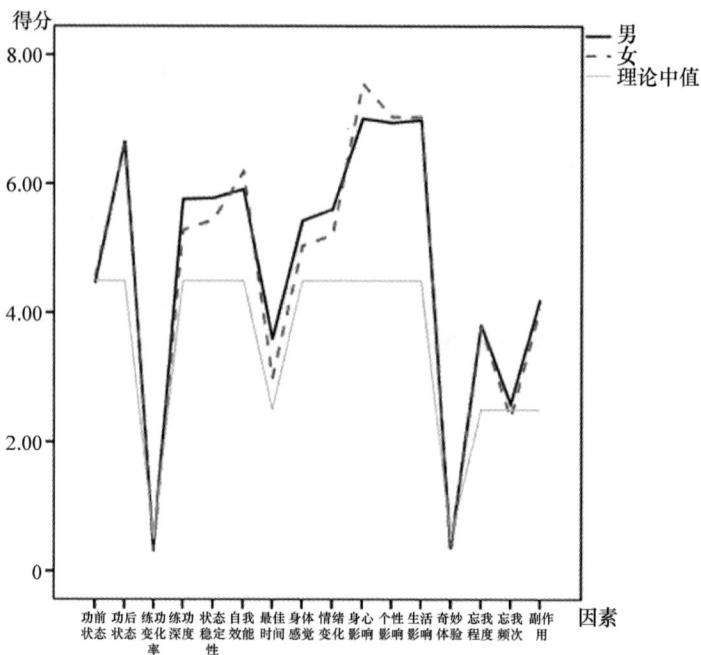

图7-4　内省报告男、女比较图

项上的报告评分俱已达到显著的差异。总体上老手的得分要高于新手
（具体见图7-5），但在副作用、忘我程度上老手的得分要低于新手。
与前面结果类似，无论老手还是新手，其报告的得分明显高于理论中
值（新手的功前状态、奇妙体验除外）。

表7-19　　　　　　　内省报告的新手、老手比较表

访谈内容		新手（$n=95$）	老手（$n=19$）	t	p
练功描述	功前状态	4.373 ± 0.856	5.105 ± 0.694	-3.689	0.000
	功后状态	6.362 ± 0.842	8.018 ± 0.613	-8.126	0.000
	练功变化率	0.303 ± 0.160	0.363 ± 0.074	-2.501	0.015
	练功深度	5.068 ± 1.025	7.947 ± 0.803	-11.532	0.000
	状态稳定性	5.247 ± 1.073	7.526 ± 0.602	-12.854	0.000
	最佳时间	2.885 ± 0.376	3.825 ± 0.302	-8.973	0.000

续表

访谈内容		新手（n=95）	老手（n=19）	t	p
练功感受	身体感觉	4.750±0.917	7.737±0.681	-13.427	0.000
	情绪变化	4.957±0.749	7.772±0.459	-15.756	0.000
	自我效能	5.765±2.275	7.333±0.401	-2.986	0.003
	奇妙体验	0.232±0.113	0.761±0.134	-18.039	0.000
练功获益	身心影响	7.096±2.918	7.983±0.623	-1.313	0.192
	个性影响	6.946±0.664	7.175±0.571	-1.393	0.166
	生活影响	6.969±0.565	7.193±0.548	-1.573	0.119
	副作用	4.202±0.664	3.930±0.828	1.530	0.129
忘我体验	忘我程度	3.828±0.645	3.684±0.437	0.926	0.357
	忘我频次	2.274±0.627	3.544±0.388	-11.447	0.000

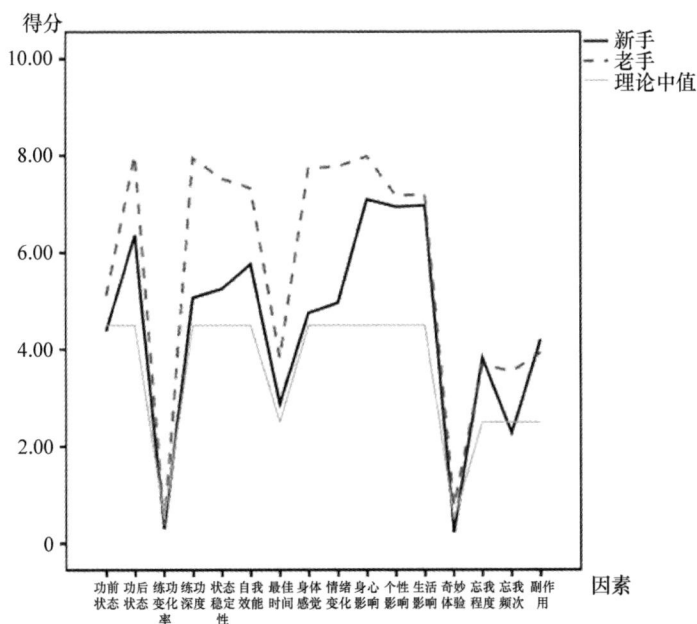

图 7-5　内省报告新手、老手比较图

三　讨论

（一）忘我训练对身心健康的效用

从内省报告的赋分情况看，通过忘我的练习，无论男、女还是新手、老手，其在身心感受、情绪变化、个性以及工作生活等方面带来的积极影响均高于或接近于理论中值。从练功前后心理状态的变化看，练习后的心理状态变得更为积极，其练功带来的积极变化颇为明显（变化率为 0.314±0.150）。从新手老手比较的情况看，老手的练功变化率、练功的感受以及忘我的频次均高于新手。这些结果表明，忘我训练对于个体身心健康的主观评定具有非常积极的意义，这与前面的调查研究结果一致，只是在内省研究中忘我对心理健康的作用表现得更为宏观、全面。

需要指出的是，新手、老手在练功获益以及忘我程度上的报告并未达到显著差异，甚至在练功的副作用、忘我程度两个问题上的得分老手略低于新手。这可能预示着忘我训练的某些效用并非直线上升，而是有可能存在一定的平台期。这一特点与其他活动相似，一般技能类和体能类的训练都存在高原现象。[①] 另外，这也可能与不同阶段练习者主观感受的敏感度差异有关，新手短期练习后由于各种体验比较新鲜，对内心感受的冲击力较强，相对而言对练功带来的获益评价偏高；而老手由于长期练习，对各种体验比较熟悉，对练功的各种获益的认识也较为充分，因而在评价上偏于理性或保守。尽管新手、老手在这些方面的评价没有显著差异，但两者的评分远高于理论中值，老手的功前心理状态、功后心理状态以及练功的变化率等均高于新手，这些都表明忘我训练带来的积极影响是显著的。

（二）忘我的特性与忘我素质的养成

内省报告的比较研究表明，老手比新手在忘我状态的深度、忘我体验的频次、奇妙体验以及身心的放松与宁静等方面有着更高的评价。这与前面调查研究中专业组有着更高的共存认知、忘我体验、证悟的得分是一致的。这表明练习可以提高忘我的水平，也预示着忘我是一个不断变化的心理量。并且，忘我是一种类似于能力的心理素质，通过一定的方法和一定量的训练可以累积而成。

同时，从分析内省报告可以看到，如果经过长时间修习，忘我的

---

① 参见俸晓东、吴明普《体能类和技能类项群运动员"高原现象"的初步研究》，《中国体育科技》1992 年第 1 期。

练习不仅能够在练习的前后给身心体验带来积极的变化，还能够长期带来在身心健康、生活状态甚至是个性上的积极改变。这一点可以从前文对未经训练的被试的调查上得到佐证，在未经训练的被试中忘我的得分亦有高低之分，并且与心理健康有显著的正相关。这说明忘我随着经验的累积可以形成一种稳定的、能够对人产生长期影响的心理特质。忘我的这种稳定性可能与自身的结构有关。在忘我活动中共存认知是基础，忘我体验与证悟是在这个基础上发生的，反过来忘我体验与证悟又会强化这种认知模式。这样随着忘我的不断发生，个体的反应随着任务熟悉度的增加，行为习得模型逐渐从目标导向行为向习惯行为过渡[1]，最终会形成相对稳定的模式。因此，忘我不仅是一种能力，也是一种类特质的心理倾向。

根据报告，忘我的练习不是一开始就进入忘我状态，而是在每次练习的中后段达到最佳状态（若练功总时间为 5，则新手为 2.885 ± 0.376，老手为 3.825 ± 0.302）。同时，也不是每次练习都能达到"物我两忘"的境界，新手达到忘我的理想状态的次数接近理论中值（2.274 ± 0.627，理论中值为 2.500），老手则相对要多一些（3.544 ± 0.388）。这表明忘我训练是一个渐进的过程，随着练习的增加，忘我的水平也会逐渐提高。另外，尽管不是每次练习都能达到忘我的理想境界，但练习的效果还是存在的，因为忘我训练并非仅仅为了"忘"，它同时训练了齐物等观的道家认知态度以及对情绪的自我调节能力。齐物才能外物，外物才能忘我，忘我方能证道。因此，每个环节都是有意义的。需要指出的是，忘我素质不仅可以通过训练而成，而且在生活、工作中也可习得，只是适当的训练比自然所成具有更高的效率，这一点已在前面的调查研究中得到证明。

第四节 小结

本次通过忘我问卷和心理健康相关问卷的调查，探讨了忘我与心

---

[1] 参见董晨杰等《目标导向——习惯学习系统的神经机制》，《心理科学进展》2018年第4期。

理健康的关系。同时，研究也通过内省法对忘我修习者的主观评价进行了研究。结合两种研究结果，可以作出三点结论。

（1）忘我对大学生心理健康有显著的积极作用，忘我对正性情绪有明显的正向预测作用，对心理症状、负性情绪有明显的反向预测作用。

（2）在忘我与心理健康的密切关联中，共存认知与证悟发挥着更大的作用，忘我体验因素与心理健康的关系尚需进一步确认。

（3）忘我既是一种能力，又可以是一种特质，它可以通过适当的训练而产生量的变化，并促进练习者的心理健康。

第八章

研究总结

　　根据研究整体的设计逻辑，每个研究都是忘我在某一层面的科学探索，最终结果又客观地支持了忘我促进身、心发展的结论。各个研究既是相对独立，又是对研究命题的逐层推进。因此，有必要对各章研究进行总结与讨论，使之在结果上互相照应，在理论上更加圆融。另外，我们也要觉察到研究的不足之处和需要延伸的地方，并予以说明，以便后续的研究有正确的方向。

第一节　综合讨论

一　主要结果与逻辑关系

　　本研究通过文献梳理和访问调查，对道家忘我这一思想和道术进行概括与提炼，提出忘我的构念与训练方法，并采用心理学的行为实验、问卷调查、生物反馈、ERP分析等方法，来探讨忘我的生理、心理机制及其与心理健康的关系。在逻辑线索上，研究首先以宗教、哲学的文献为基础，结合一些高道与学者的访谈，明确忘我的含义与结构，并根据测量学的原则编制忘我问卷。接着，从自我意识状态、生理特征、认知去自动化及其ERP证据等角度对忘我的机制进行探索。最后，采用问卷法和内省法考察了忘我与心理健康的关系。整个研究按照"是什么—为什么—有何功用"的逻辑线索展开。研究主要有五点发现。

　　研究一（第三章）讨论了忘我的概念、结构以及问卷的编制。通过文献和访谈的方式构建了道家忘我的内容与结构，经过多次的施测以及采用因素分析的方法，抽取忘我的 3 个因素：忘我体验、共存认知和证悟。其中，忘我体验是指短暂切断意识与身体、外部世界联系的一种主观体验，包括 6 个条目；共存认知是指平等、无偏见地对待自我、他人、外物的一种态度，包括 5 个条目；证悟是个体对自我和世界获得超越性认知的一种直觉，包括 3 个条目。数据分析验证了之前的理论构想，而且问卷具有良好的信度和效度。

研究二（第四章）采用实验法比较了忘我训练与闭目养神的各项生理指标，对忘我状态的生理机制进行探索。研究通过多参数生物反馈仪采集了心率、呼吸、肌电、脑电等数据，发现被试在忘我状态下心率较低，呼吸变慢。同时，在忘我状态下，心率与呼吸还表现出稳定性和抗干扰性，表明忘我状态下自主神经活动减弱，或是交感神经活动减弱而副交感神经活动增强。发现忘我状态下被试的肌电值更低，反映出此时肌肉活动的运动单位激活的数量、运动单位的类型以及同步化程度都处于较低的水平，且情绪安定。同时，发现忘我状态下，α 波、θ 波更强，活动更为活跃，而 β 波的活动相对较弱。而且坐忘组的 α 波、θ 波、β 波的总体走势较为一致，升或降较为同步。对照组的 α 波和 β 波的变化较为接近，θ 波则较为平缓，与前两者不同。这些说明忘我是一种特殊的精神状态，它不是简单的兴奋—抑制的变化，而是放松入静后的一种身心和谐状态。

研究三（第五章）采用问卷和内隐实验的方法探讨了忘我训练对自我意识的影响。经过短期的忘我训练，被试的外显自我中公我意识与社交焦虑的得分显著下降。公我意识是指习惯性地注意自我公开的方面，这些方面是别人能够观察和评价的；社交焦虑则反映个体由于感知到他人的存在而引起的不安。在内隐自我的实验中，忘我训练和闭目养神都能在一定程度上降低 IAT 效应，但忘我训练的效果更加明显。这表明忘我训练会降低个体的内隐自我的水平，特别是在忘我训练之后的短时间内，这种降低作用非常明显。结合外显自我和内隐自我的研究结果，说明忘我训练能够使被试的自我监控水平降低，并在内隐层面打破自我刻板化的倾向。这与西方心理学的自我抽离视角（self – distanced perspective）理论，即个体从超越自我中心的观点看待问题的观点相似。①

研究四（第六章）采用 Stroop 任务考察了忘我的认知去自动化效应，并采用 ERP 技术探索其神经机制，研究对坐忘、正念、对照三组被试的 Stroop 任务反应时进行比较分析，发现坐忘组在后测的反应时明显变短，而正念、对照两组尽管后测反应时略有变短，但与前测相比尚未达到显著水平。进一步的 ERP 信息分析显示，当被试在 Stroop 任务不一致条件时，坐忘、正念两组在脑后部电极捕捉到 N2 成分增强而 P3 成分减弱的信号，而对照组则无此发现。这些情况表明忘我训练不仅促进了认知冲突（不一致时）时注意监测和执行功能的优化，而且还伴随着行为的改变（即反应变快），显示出去自动化的功能。正念练习在不一致任务上的神经机制与坐忘相似，但行为改变并不显著。

研究五（第七章）使用心理问卷和内省法考察了忘我对大学生心理健康的促进作用。子研究一以忘我问卷、心理症状自评量表（SCL—90）、正性负性情绪问卷以及生活取向测验为工具进行取样调查，发现忘我与正性情绪、乐观呈正相关，与症状自评、负性情绪呈负相关。进一步的回归分析和结构方程分析显示，共存认知对 SCL—90 和负性情绪有很好的反向预测作用；证悟对 SCL—90 和负性情绪有反向预测作用，对正性情绪和乐观有正向预测作用；而忘我体验与诸因素关联不密切，仅对乐观有较弱的反向预测作用。总体上忘我对大学生心理健康产生了积极的影响，其中共存认知与证悟发挥着更大的作用，忘我体验因素与心理健康的关系尚需进一步确认。子研究二通过对忘我训练者的内省报告进行编码和分析，结果表明忘我训练后的心理状态变得更为积极，其练功带来的积极变化颇为明显（变化率为 0.314 ± 0.150）。忘我训练对于练习者自身身心健康的主观评定具有非常积极的意义，这与前面的调查研究的结果一致，只是在内省研究中忘我对心理健康的作用表现得更为宏观、全面。

---

① 参见 Kross, E., et al., "'Asking why' from a distance: Its cognitive and emotional consequences for people with major depressive disorder", pp. 559 – 569.

二　忘我的内涵与特性

在第一、二章中已经阐明，道家忘我是个体的一种自觉之忘。即忘该忘之"我"，存不该忘之"我"，通过去欲、减知剥除俗我，从而使个体回归人性之初的本然状态。当然，忘我不仅是指"我"的存与忘，也是道家体道证悟的道术与境界。因此，对于道家来说"忘我"不仅是一种认知论，也是一种方法论，更是一种境界论。[①] 这意味着忘我是一个综合的概念，它不仅是采用道家哲学思想"忘"而观世，并延用它"忘"而返真，最终达到"物我两忘、天人合一"的修为境界。可见，忘我的过程蕴含了认知的改变、自我意识的抽离以及心灵上的美好体验。所以，本研究对忘我的定义是准确的，即个体平等无偏地觉察当下的人、事、物及其与自身的关系，使自己从物我纠缠中摆脱出来，彼此共存而互不干扰，并由此逐渐放弃意识对内、外的监控，达成自我与宇宙自然融合为一的过程。

研究的因素分析结果显示，忘我是由共存认知、忘我体验、证悟三个因子构成的。三者是相对独立的，但忘我体验与证悟具有一定的关联性。其中，共存认知是基础，属于过程态；忘我体验和证悟是目的，属于结果态。三个因子对应了认知改变、自我意识抽离以及美好体验三个方面，可见因素分析结果与文献描述是相吻合的。

问卷调查和内省法的研究表明，"忘我"这一心理量是一个不断变化的过程，即短期忘我练习者的忘我得分大于无练习者，长期练习者大于短期练习者。这说明忘我是一种类似于能力的心理素质，通过一定的方法和一定量的训练可以累积而成。同时，我们观察到在未经训练的被试中忘我的得分亦有高低之分，并且与心理健康有显著的正相关。另外，从内省报告的分析看到，忘我的练习不仅能够在练习之后给身心体验带来积极的变化，还能够带来长期的身心健康、生活状态甚至是个性上的积极改变。这说明忘我经历长期的累积可以形成一种稳定的、能够对人产生长期影响的心理特质。因此，忘我不仅是一

---

① 参见罗宗强《从庄子的"坐忘"到唐人的炼神服气》，《传统文化与现代化》1993年第 3 期。

种能力，也是一种类特质的心理倾向。

三　忘我的心理机制

在已有文献中，对于什么是"忘"，什么是"忘我"，如何"忘我"，以及为什么"忘我"都有一定的阐述，尽管有些时候是各说各话。但对于忘我的生理特征、意识水平以及意识活动中会产生什么样的效应等机制则鲜有涉及。或有初步涉足则浅尝辄止，比如魏玉龙对坐忘状态的脑电特异性进行探索①；或是对文献进行推论而缺乏实证的支持，比如王生平尝试对庄子之"忘"与凝神专一、"忘"与"不忘"的哲学机制进行建构。② 造成这些原因可能与忘我的系统理论的构建不足以及研究方法与范式的缺乏有关。但是，忘我机制研究的缺乏肯定会严重影响该领域的深入探讨以及实践应用的开展。

（一）"静"与"慧"：关于忘我生理机制的探索与解释

研究对忘我的内涵结构与特性进行梳理和实证分析之后，对忘我的生理层面与心理机制进行探索。研究设计了心率、呼吸、肌电、脑电等生理指标来考察忘我状态的生理机制。结果发现，忘我状态下心率与呼吸的频次明显降低，随着时间的推移忘我的这种状态虽有波动，但却比闭目养神状态更为稳定；即使在外界因素干扰下，其波动也较为平缓，有一定的抗干扰的特性。这表明忘我状态下个体自主神经活动减弱，或是交感神经活动减弱而副交感神经活动增强。③ 此时，个体的神经活动处于抑制状态，精神安定放松，同时情绪平静。在肌电方面，忘我状态的前额肌腹的肌电值更低（与静息态相比），特别在练功的中前段表现明显。肌电可以较好地客观显示人体肌肉的放松程度，同时也反映了神经、肌肉的状态，并在一定程度上体现情绪的变化。④

---

① 参见魏玉龙《坐忘态的脑电特异性》，中国针灸学会年会大会论文集 2011 年第 5 册，第 444—454 页。

② 参见王生平《试析庄子之"忘"》，《甘肃社会科学》1992 年第 1 期。

③ 参见郑延平《生物反馈的临床实践》，第 142—143 页。

④ 参见 Lan，L.，Ji - hua，C.，"Emotion Recognition Using Physiological Signals"，*Advances in Artificial Reality and Tele - Existence*，Vol. 4282，2006，pp. 437 - 446。

研究对脑电 β 波、α 波、θ 波进行分组对照研究，发现忘我状态下 α 波、θ 波的振幅普遍高于对照组，并且在起始段、前段以及干扰段两者的差异更为明显，而 β 波则要略低于对照组。α 波是闭眼状态下大脑的主要电波形态，它反映了放松舒适状态下脑电的基本节律。θ 波是一种高幅、低频的脑电波，往往在睡眠或者困倦的时候出现，同时也会在与学习相关的行为时出现，而且在 θ 波存在的状态下学习会被强化。① 因此，有研究认为"顿悟""灵感"或者"定能生慧"等高级认知活动往往出现在 θ 波为主的状态。② 另外，忘我状态的 α 波、θ 波、β 波的总体走势较为一致，升或降较为同步。而对照组的 α 波和 β 波的变化较为接近，θ 波则较为平缓，与前两者不同。这说明忘我是一种特殊的精神状态，它不是简单的兴奋—抑制的变化，而是放松入静后的一种身心和谐状态。

综上，在忘我状态下，个体的身心处于松弛状态，此时自主神经活动减弱，肌肉活动时运动单位激活的数量、参与活动的运动单位类型以及同步化程度都处于较低的水平，精神活动处于一种松弛静定、似睡非睡的状态。忘我的这些表现与闭目养神有显著的差异，表明了忘我训练有着很好的放松入静的功效，这与道家追求的"虚静"境界是一致的。老子云"重为轻根，静为躁君"（《道德经》第二十六章），因此忘我亦具有良好的除躁抚定的功能。同时，脑电分析发现，忘我状态下脑电 α 波、θ 波的振幅变大，表现得更为活跃。这表明忘我状态不仅表现为抑制和虚静状态，而且是在大脑能耗较低时却保持着弹性加工的可能性。忘我脑电的这一特性为"顿悟""灵感"或者"定能生慧"等意识活动提供神经电生理的证据。

（二）返璞归真：基于自我意识的观察与解释

前文述及，道家的忘我并不是彻底把自己忘掉，而是强调对现实自我的分离与解构，即与世俗之我、欲望之我进行切割，回归到"真我"③。

---

① 参见张倩、罗非《θ 波与突触传递的长时程改变》，《生理科学进展》2004 年第 4 期。

② 参见马蔺乃《大脑脑能与创造力的探索》，《系统辩证学学报》2004 年第 1 期。

③ 参见毛华配、童辉杰《"忘"的心理学：道家自我的解构与超越》，《中国社会科学报》2018 年 6 月 26 日第 P002 版。

这实际上是通过"减"法原则，使自我不断得到净化，直至把个人的"小我"融合到宇宙的"大我"，从而使自己处于"天人合一"的忘我境界。① 那么，现实中能否用研究来证明这一点呢？

本研究采用实验法从外显和内隐两个层面进行验证。外显自我的测量显示，短期的忘我训练能够使被试的公我意识与社交焦虑的得分显著下降，而私我意识无明显变化。公我意识是个体表现在社会的、公开的情境下的自我镜像；社交焦虑是个体对与他人互动的压力反应的感知。此即表明忘我训练能够使被试的自我监控从周遭应激以及与他人互动的压力反应中回撤，表现为自我意识水平的下降。内隐自我测验的结果显示，坐忘组的内隐自我的效应值更低，与对照组（闭目养神）的差异达到显著水平。表明忘我训练会降低被试的内隐自我的水平，特别是在练习之后的短时间内，这种降低作用非常明显。内隐自我是一种不受意识监控的心理活动，它具有自动化的特点。内隐自我的自动联结既有自我保护的积极意义，但也往往造成个体知觉的去个性化或自我的刻板化②，给个体带来自我适应、社会认同、群际关系等消极影响。

从对忘我状态的自我意识水平的观察来看，忘我训练会导致个体自我意识水平的下降（不管是外显还是内隐），或者说是自我监控水平降低。这与我们对忘我的定义以及理论假设是一致的。自我意识的发展是个体成熟与社会化的重要标志，适当的自我觉察与监控有利于个体适应社会，保持心理健康。但是，过高的自我意识水平会带来社会应激的敏感性，造成压力与障碍。③ 特别是在当前快节奏与高竞争的社会情境下，压力应激的阈限可能更低。因此，适当降低自我监控的水平是有益的。忘我一方面使自我从世俗的纠缠中分离出来，避免

---

① 参见童辉杰《中国传统文化中的自我意识》，《心理科学》2000 年第 4 期。

② 参见高承海、万明刚《内隐理论影响社会认同》，《中国社会科学报》2018 年 9 月 5 日第 P006 版。

③ 参见 Fenigstein, A., "Self - consciousness, self - attention, and social interaction", *Journal of Personality and Social Psychology*, Vol. 37, No. 1, 1979, pp. 75 - 86；马方圆等《大学新生自我意识及心理健康水平调查研究》，《航空航天医学杂志》2014 年第 7 期；Bautista, C. L. and Hope, D. A., "Fear of negative evaluation, social anxiety and response to positive and negative online social cues", *Cognitive Therapy and Research*, Vol. 39, No. 5, 2015, pp. 658 - 668。

了内心冲突和焦虑带来的自我消耗；另一方面使自我从各种烦琐的经验和固化反应中解放出来，阻断了个体自我意识自动联结的内隐机制，打破了自我的刻板化，为自我的重新建构提供了可能。因此，返璞归真是道家以独特的宇宙（或道）视角省视自我、扬弃自我、重构自我，使"小我"统合于"大我"的过程。这对于个体心灵的纯化、自我的和谐适应以及精神的超越都具有积极意义。

（三）齐物等观：来自去自动化效应的考证与解释

人是经验的动物，心理与行为经过反复练习后任务操作会逐渐淡出意识监控而形成自动化。自动化的程式化加工解放了人的意识监控，使人在低能耗状态下完成任务，从而节省了宝贵的认知资源，提高了心理加工的效能。但是，自动化在面临竞争加工时会出现单向干扰或双向干扰①，致使认知效能的降低。同时，自动化的心理反应也能对健康带来负面影响。比如，当外部事件伴随无意识和自动化的反应出现时，就很难把事件本身和由事件引发的自动化想法或情绪区分开来。因此，认知自动化现象使人的信息加工存在刻板化反应甚至是偏见的风险，需引起我们的重视。在中国的传统文化里，也非常重视对认知自动化的防范（即去自动化），讲究认知上的开放性与平等心。比如佛教的"去执"，道家的"齐物等观"。

研究从去自动化的角度探讨了忘我的认知特性。通过 Stroop 任务的操作，发现短期忘我训练能够改善行为反应的成绩，即经过忘我练习，被试在完成 Stroop 任务时的反应变得更快，效率更高。Stroop 任务往往被用于探索自动性和控制性加工。② 实验中任务反应时的加快表明被试的认知冲突得到有效的控制，显示了忘我训练的去自动化效

① 参见 MacLeod, C. M. and Dunbar, K., "Training and Stroop – like interference: evidence for a continuum of automaticity", *J. Exp Psychol Learn Mem Cogn*, Vol. 14, No. 1, 1988, pp. 126 – 135; Macleod, C. M., "Half a century of research on the Stroop effect: an integrative review", *Psychol Bull*, Vol. 109, No. 2, 1991, pp. 163 – 203; Melara, R. D. and Mounts, J. R., "Selective attention to Stroop dimensions: effects of baseline discriminability, response mode, and practice", *Mem Cognit*, Vol. 21, No. 5, 1993, pp. 627 – 645。

② 参见钱秀莹、李传《Stroop 效应及其脑机制研究概述》，《心理学探新》2003 年第 3 期; Adam, M., et al., "Regular, brief mindfulness meditation practice improves electrophysiological markers of attentional control", *Frontiers Human Neuroscience*, Vol. 6, No. 18, 2012, pp. 1 – 15。

应。随后的 ERP 信号显示，坐忘组被试在 Stroop 任务不一致条件下
N2 幅值明显增强，而 P3 的幅值明显减弱。N2 是刺激之后 200ms 左
右出现负性偏转电位，潜伏期可随着任务的性质出现变化，研究表明
N2 成分与认知控制的早期注意有关[1]，反映了大脑对刺激信息的注意
扩增和辨别加工。P3 是刺激呈现 300ms 后诱发的电位改变，该成分
被认为是与个体认知加工能力以及注意资源投入相联系的一个较晚出
现的内源性成分，主要涉及对刺激信息进行认知评价、作出决策及记
忆更新等认知过程。[2] 也有研究者认为颞部或顶部的 P3 组分能反映知
觉辨识过程中所发生的注意力资源激活，并与冲突性的干扰抑制相关
联。[3] 实验中坐忘组被试在不一致任务时 N2 幅值的增强以及 P3 幅值
的减弱，说明大脑在认知冲突的先期资源得到激活，注意增强；随后
在冲突管理时对资源的需求降低，表现为激活衰退。表明忘我训练对
于冲突认知条件下大脑资源的合理分配以及工作效能产生了积极
影响。

　　实验结果为忘我能够产生去自动化效应提供了行为和神经机制上
的证据。事实上，从忘我的概念以及训练方法来看，都非常强调齐物
等观的认知倾向，注重物各自生、自性具足等理念，把自我与万物放
到平等的位置来认识，因而可以阻断认知的自动化与刻板化。另外，
忘我的练习伴有对身体的存思与观照，身心得到放松，并把外界的干
扰因素降到最低。这一方面为高效的认知提供生理基础；另一方面身
体也作为具身认知因素纳入中枢加工的过程而使资源使用减少。故
而，忘我具有去自动化功能。

　　需要指出的是，正念练习也有类似的效果。在本研究中，短期的

---

① 参见贾磊等《刻板印象的认知神经机制》，《心理科学进展》2010 年第 12 期。

② 参见 Schendan, H. E. and Kutas M. , "Neurophysiological evidence for two processing times for visual object identification", *Neuropsychologia*, Vol. 40, No. 7, 2002, pp. 931 – 945; Schendan, H. E. and Stern C. E. , "Mental rotation and object categorization share a common network of prefrontal and dorsal and ventral regions of posterior cortex", *Neuroimage*, Vol. 35, No. 3, 2007, pp. 1264 – 1277; Polezzi, D. , et al. , "Brain correlates of risky decision – making", *Neuro Image*, Vol. 49, No. 2, 2010, pp. 1886 – 1894。

③ 参见 Polich, J. , "Updating P300: an integrative theory of P3a and P3b", *Clin. Neurophysiol*, Vol. 118, No. 10, 2007, pp. 2128 – 2148。

正念练习尽管没有伴随行为的改变，但 ERP 分析的结果表明，认知冲突（不一致条件）的神经机制支持正念具有去自动化的功能。我们应该看到，正念与忘我具有某些共同之处，比如注意内收、注重当下，以及对外物的接纳，等等。但正念与忘我也有区别。首先是注意的指向性不同。正念的注意指向是不断的"变化"，应景即是。忘我的注意指向是道（气、光、虚），因为道化万物，物各自生，各运其是，因此忘而相适。其次是资源启动方式不同。正念是尽量不评价，当下即是。忘我是顺其自然，物我两行。再次是哲学基础不同。作为心理学的正念，尽管是以去宗教化的面目示人，但究其哲学思想，毕竟是以"空"为宗，即观人、事、己而不作评价，因为"法""我"两空，评价即起念。与此对应，忘我的哲学思想是"无"（道），天下万物生于有，有生于无，有无相生。它反映了事物的存有与自性，以及各自的发展变化的辩证关系。因此，人的意识参与要依道而行，不若无为。可见，正念与忘我既具有共通性，又存在明显的区别。当然，不能否认，若是坐忘、正念的练习能够给认知加工带来积极的影响，那么其他的一些练习也许存在这种可能性，这需要更多的研究来证明。

四 忘我与心理健康

（一）忘我对心理健康的影响

心理健康通常是指个体知、情、意活动的内部协调与外部适应相统一的良好状态①，包括生理、智力、情绪、人格、人际关系以及主观感受等方面的协调性和适应性，它是一个动态的概念。在已有文献中，"忘我"对于身心炼养有着非常重要的作用。庄子、司马承祯、白玉蟾、马丹阳、李道纯等大家皆充分论述了忘我在修身证道中的重要性。现代学人也对道家忘我的心理健康功能论述颇多。可见，在这一点上古今学者取得了一致的认识，忘我对身心健康的促进作用得到了肯定。

考虑到短期训练可能产生的影响有限，本研究主要采用问卷调查

---

① 参见刘艳《关于"心理健康"的概念辨析》，《教育研究与实验》1996 年第 3 期。

的方式考证了忘我与心理症状、情绪以及乐观之间的关系。结果显示，忘我的三个维度与SCL—90各维度、负性情绪具有负相关，其中共存认知的相关度最高，均达到中等程度的相关。忘我与正性情绪具有正相关，其中证悟的相关度最高，达到中等程度的相关。证悟、共存认知两因子与乐观的相关达到显著水平，但总体上相关性较弱。之后的回归分析以及结构方程模型的分析，均显示了忘我对心理健康的预测作用。其中，共存认知对SCL—90、负性情绪具有较好的反向预测作用，即共存认知得分越高，症状自评与负性情绪的得分就越低。证悟对正性情绪、乐观具有显著的正向预测作用，而对SCL—90、负性情绪具有反向预测的作用。有意思的是，研究采用忘我问卷对经过忘我训练和未经训练的被试分别进行组内比较，结果发现，忘我得分越高，心理健康水平也越高。可见，无论是生活中经历的忘我还是经过专门的忘我训练，忘我能够增进正性情绪，抑制负性情绪，降低心理症状，以及对于心理健康的影响都有明显的积极作用。

研究进一步通过对忘我练习者内省报告的分析，结果发现，无论男女还是新手老手，其在身心感受、情绪变化、个性以及工作生活等方面均得到明显的改善，练功前后的变化较大。从分组比较的情况看，男女之间的差异不大；老手的练功变化率、练功的感受以及忘我的频次均高于新手。这些结果表明，忘我训练对于个体的主观身心健康的评定具有非常积极的意义，这与前面的调查研究的结果一致，只是在内省研究中忘我对心理健康的作用表现得更为宏观、全面。

（二）忘我对心理健康的作用机制

值得关注的是，忘我对心理健康的作用机制是比较复杂的。首先是忘我的三个因子与心理健康的关系存在差异。从问卷调查的角度看，共存认知和证悟与心理健康的关联度较高，而忘我体验与心理健康各因素的关联度相对较低，这恐怕与被试的特点以及忘我的结构有关。本次参与问卷调查的被试多数是未经忘我训练的大学生，因此测得的主要是生活经验中的忘我经历，其忘我体验的深度以及主动性肯定不如受训人群，所以忘我体验的影响作用可能受到限制。另外，忘我的三个因子在理论上存有特定的逻辑关系，即共存认知是基础，忘我体验是结果，证悟是目的，三者的逻辑关系是"齐物才能外物，外物才能忘我，忘我方能证悟”。因此，相对于齐物、外物的认知改变，以及证悟的超越性体验，忘我体验可能更多是一个工具性的中间环节。这些都导致其在心理健康方面的影响作用相对较弱。

其次是忘我的精神纯化功能。本研究关于自我意识的研究表明，忘我训练导致自我监控的减弱以及自我刻板化的去除。对练功人员的内省研究也表明，忘我状态下个体对内、外信息的阻断。这些都说明了忘我的精神纯化的作用。忘我的过程是一个弃俗返真、精神内守的过程，随着整个心理活动的推进，外部世界和内部世界逐渐被忽略，直至物我两忘、天人合一的境界。忘我是一种特殊的体验，在忘我状态下，所谓“好的”“坏的”俱已忘而适之。这对当今浮躁的人心以及充满压力的社会情境来说都是一剂良药。但可惜的是，可能由于问卷选择的原因，或是其他原因，忘我体验对于心理健康的促进作用没有得到充分的证明。

最后是忘我的身心放松作用。根据行为主义理论，心理与行为具有对应关系，身体与行为的松弛，必定会带来心理上的放松。在本研究中，忘我状态的生理指标表明，被试在忘我状态下会出现呼吸、心率的降低，肌电值的幅值下降，以及脑电的 α 波、θ 波增强，β 波的活动相对减弱等生理特征。表明忘我状态下交感神经得到抑制而副交感神经活动增强，出现放松入静的身心和谐状态。可见，忘我对于身心健康的促进作用不仅局限于问卷调查的结果，它可能在更多方面产生积极作用，需要今后进一步探索与讨论。

五　忘我的现实意义及忘我素质的培养

（一）忘我研究的现实意义

前述研究初步建构了忘我的理论体系，并在忘我的定义、训练方法以及问卷开发上都比较一致地得到体现。忘我问卷具有良好的信度和效度，并在实际调查中得到很好的验证；训练方法（坐忘功）科学简便，既符合忘我的理论和思想，又能在短期内引导练习者进入忘我状态，具有很好的操作性。研究进而对忘我的生理、心理机制进行探索以及对忘我和心理健康的促进关系进行探讨，揭示了忘我的作用机制与心理功能。

这些研究表明，忘我对于心灵的净化、认知的重建、自我的统整以及精神的超越等具有积极作用。忘我根植于道家哲学思想，有着严谨的修炼理论和科学的训练方法。它灵活地处理了人与自然、人与社会、人与自己的连接关系，勾画了颇具东方特色的体道合真与天人合一的人生境界。它不仅是道家心性修炼的"道"与"术"，而且可以是普通大众寻求精神解脱和心灵自由的路径。这在现代社会背景下对于人们心理的健康和精神的安顿具有重要意义。特别是当前科学文化领域在西方话语权所主导的情况下，挖掘本土文化精髓并进行科学化的研究与应用，既是科学地满足人们不断增长的心理需求，也是弘扬与提升民族文化自信之责任。

通过研究，忘我的理论更加系统化，其科学性、操作性以及应用性都更加明确。特别是在当前国情下，其实际应用价值不可忽略。其一，可以满足人们修身养性的需求。道家修炼文化一直是传统文化的瑰宝，但由于一直受到玄学的困扰以及"道渡有缘"的传授原则，其在实际应用中受限颇多。如今通过去宗教化和去玄学化的研究，忘我在修身养性方面可以发挥更大的作用。其二，可以开发忘我心理疗法。从忘我与心理健康的研究结果看，忘我具有很好的心理健康促进效用。因此，把忘我引入心理治疗，既创造性地发展了临床心理治疗的理论和方法，又完成了心理治疗本土化的使命。其三，可以推进超个人心理学的研究。近年来，超个人心理学的研究热点正在转向东方的宗教与文化领域。忘我根植于道家文化，有着独立完整的理论体系和应用前景，如把忘我与超个人心理学结合起来研究，势必会彼此融摄、相互促进。

（二）忘我素质的培养

从整个研究来看，忘我素质既存在于普通的人群，也存在于受训的人群。既可以借着生活经验积累而成，也可以凭借短期练习而获得。可见，忘我属于一种可变的素质，可以经过学习而习得，并可以经过长期的积累与逐步强化，形成一种比较稳定的特质。本研究先后培训过几个批次的大学生被试，从被试的反馈以及研究结果的情况来看，训练取得了预期的效果。因此，出于心理健康教育和临床应用的考量，对相关人群进行忘我训练是可能的，也是可行的。

忘我素质的培养，首先要考虑群体的匹配性，这主要基于两个方面的考虑。第一是受训者的接受能力。忘我素质的训练涉及道家的哲学思想以及心性炼养方式，若没有一定的认知接受能力，则训练会变得非常困难。第二是受训者的思想成熟度。尽管忘我是以去宗教化的方式出现的，但是整个背景知识依然是道家文化。若是受训者思想较为幼稚或者极端，则可能易与玄学、神学等相混淆。第三要考虑理论与实践相结合。在忘我训练中，要经历齐物、外物、忘我、证悟等环节，需要把每个环节的理论转化为下功夫，在练习中体悟与验证。接着要考虑融通生活。要让培养与工作贴近生活。一是训练方式的灵活性，比如坐、卧、立皆可。二是把训练内容融进伦常日用之中，把忘我的思想和方法与工作、生活以及各种活动建立连接。第四要注意循序渐进。任何素质的培养、习惯的养成都需要一段时间，都会经历由浅入深、由易及难的过程。因此要注意进度、难度的合理安排，也要注意反馈与及时修正。

从已有的培训情况来看，对大学生群体的忘我训练比较成功，结果反馈也显示出良好的效果。并且，大学生的学习时间相对自由，培训工作可以是兴趣小组、社团活动、公选课等形式。所以，忘我素质的培养工作可以顺利开展。

第二节　研究结论

通过对忘我的理论阐述和相应的实证考察，研究对忘我的生理、心理机制及其与心理健康的关系进行了预定的探讨。综合上述研究结果，得出六点结论。

（1）忘我由共存认知、忘我体验、证悟三部分组成，由此编制的忘我问卷具有良好的信度和效度，可以用于研究和实践。

（2）在忘我状态下，被试的心率与呼吸降低；肌电值下降；α波、θ波增强，活动更为活跃，而β波的活动减弱。这预示着自主神经处于抑制水平，身心松弛，大脑能耗较低但却保持着弹性加工的可能性。

（3）忘我训练能够降低被试的自我意识水平。其中在外显自我上，公我意识水平下降，社交焦虑水平下降，但私我意识并未受到影响。在内隐自我上，这种降低作用显著，特别是在忘我训练之后的短时间内更为明显。

（4）忘我训练具有去自动化的功能。无论是在一致还是不一致条件下被试的 Stroop 任务反应变快，而相应的正念练习却没有明显的行为改善。在不一致的条件下，被试枕顶区发现 N2 幅值的明显增加，以及 P3 幅值的明显减少。这提示被试在处理冲突信息时，先是脑资源激活，引起注意增强，然后是执行控制过程所占资源减少，从而产生去自动化效应。在这一点上，正念练习也观察到类似结果。

（5）忘我对心理健康有显著的积极作用。其中，忘我对正向情绪有明显的正向预测作用，对心理症状、负性情绪有明显的反向预测作用。从问卷调查的视角看，共存认知与证悟发挥了更大的作用，忘我体验因素与心理健康的关系相对较弱。从内省研究角度看，忘我对身心健康的积极作用被充分肯定，并且涵盖面更广。

（6）忘我既是一种能力，也是一种类特质的心理结构。它可以通过适当的训练而产生量的变化，并促进练习者的心理与行为的改变。从对大学生被试的训练情况看，忘我素质的培养不仅可能，而且可行。

第三节　创新、局限与展望

一　忘我的理论建构

以往对于道家忘我的研究主要集中在文本释义、哲学讨论或者养生价值等方面，对于忘我具体是什么，由什么因素构成，以及该如何操作等问题往往忽略。少数基于忘我和心理健康关系的实证研究也仅是以"坐忘"代之，但对坐忘的理论阐述和具体操作也是述而不作或者语焉不详。因此，这严重地影响了当下对于忘我领域的研究进展。本研究梳理了以往文献，以老庄"损""忘"哲学观为基础，阐述了道家忘我的概念与结构，并对编制问卷进行了探索与验证。同时，提出以坐忘作为忘我的道术，并给出了坐忘的修习理论与具体方法。这比较系统地解决了道家忘我的理论、方法和工具等问题，为今后的规范研究和深入探讨打下了基础。

但是，本研究也存在一些不足。首先是研究对象比较单一。本研究的样本主要是大学生，大学生的认知能力相对较高，那么在大学生身上得出的结论能否适用于其他人群尚需进一步验证。其次是忘我问卷的适用范围。问卷在编制过程中，条目取词主要依据古文献资料以及专业人员的访谈，但是问卷测查时的对象包括了受训样本和未受训样本（未经练习的大学生占绝大多数），由于受训样本数量较少而未进行独立的信效度检验。因此，忘我问卷在不同忘我训练水平的人群的适应性需要进一步分析。鉴于此，在今后的研究中对于忘我问卷的完善与补充分析是一项重要的工作。另外，通过对不同年龄、不同练习水平的被试的纵向和横向的研究，来验证、补充已有的理论亦非常有意义。

二　忘我的生理、心理机制的探讨

本研究通过实验研究和调查研究探讨了忘我的生理机制、自我意识水平、认知去自动化效应以及对心理健康的作用机制。初步形成了忘我的心理学理论，为道家忘我的"虚静""返璞归真""齐物等观"等观点提供了实证数据与科学证据。这对于心理学视阈的忘我研究来说是一项较具创新性的工作。但这些研究也存在一些不足。一是研究样本偏小。鉴于实验控制的需要以及训练工作的实际情况，本研究的几个实验都是小样本考察，因此研究结果有待进一步验证。二是缺失临床样本。出于对临床干预工作的审慎态度，本研究涉及的所有样本均为普通正常人群，而没有对临床病人或者问题人群进行取样研究，这就使研究结论在临床上的普适性缺乏数据支持。

因此，今后的研究工作要适当增加样本量，或从不同的角度来考察和验证这些机制。同时，针对问题人群来考察忘我的心理机制，积极开展临床干预并观察其效用就变得很有意义。

三　研究方法的综合使用

本研究使用了生物反馈技术、内隐测验、ERP技术、问卷调查等方式探讨了忘我的生理、心理机制及其与心理健康的关系。考虑到忘我属于具有独特主观体验的心理现象，研究在方法使用上考虑了两点，一是考虑心理真实性，使用内隐测验和内省报告，以最大限度反映被试的心理真实度。二是考虑双重验证，研究匹配了各种方法来验证研究命题，比如，采用外显和内隐设计考察自我意识，采用行为反应和 ERP 技术考察去自动化效应，采用问卷调查和内省法考察忘我与心理健康的关系。研究方法的匹配与综合使用不仅顺利推进了研究的进程，而且保证了研究的质量。

附　　录

附录 1　忘我问卷（Self Oblivion Questionnaire，SOQ）（初测版）

指导语：下面语句是一些有关生活经验与态度的描述，其中有些奇妙的感受也许是你处于放松、静坐或是参悟等不经意间经历到的身心体验，请你根据自己的实际情况做出合适的回答，并在文后的数字上做上标记。"1"代表几乎没有，"2"代表很少，"3"代表有些少，"4"代表有些多，"5"代表很多，"6"代表几乎总是。

1. 我不太喜欢卷入世俗杂事。
2. 我反对投机取巧的做法。
3. 我是一个非常注重"自我"的人。
4. 不管顺境还是逆境，我能保持平常心。
5. 我在帮助别人的时候，根本没想到回报。
6. 我推崇大智若愚的说法。
7. 我不太在意自己的外貌。
8. 我把功名利禄看得很淡。
9. 我很少被外界的伦理道德左右。
10. 当我专注于某事时，我常常忘记自己的存在。
11. 我非常喜欢吃喝玩乐的生活。
12. 我完全接受自己的出身。
13. 我能够放下自身一些固定的看法。
14. 我在工作时能够做到心无旁骛。

15. 我非常喜欢在别人面前展示自己。

16. 我会从不同的角度看问题。

17. 我很容易把烦恼抛之脑后。

18. 我喜欢简单朴素的生活。

19. 我不太在乎外界的评价。

20. 我不会纠结于身体上的一些不足。

21. 物质的诱惑对我作用不大。

22. 我认为是非对错不是固定的，没有必要较真。

23. 我是一个很善于忘掉过去的人。

24. 我感到自己与世间万物是一样的，仅仅是宇宙的一分子。

25. 我觉得清贫还是富有要顺其自然。

26. 我做事情不会受到那些繁文缛节的束缚。

27. 我感到内心非常宁静。

28. 感觉自己的身体好像不存在了一样。

29. 感觉身体变得很轻灵。

30. 感觉自己与周围环境融为一体了。

31. 我感到所有的意识都不存在了。

32. 我完全忘记了时间的概念。

33. 感到世间万物都变得若有若无。

34. 我体验到一种开悟的感觉。

35. 我感到精神无比地逍遥自在。

36. 我体验到一种似睡非睡的状态。

37. 感到整个世界变得美好、奇妙。

附录 2　忘我问卷（Self Oblivion Questionnaire，SOQ）（正式版）

指导语：下面语句是一些有关生活经验与态度的描述，其中有些奇妙的感受也许是你处于放松、静坐或是参悟等不经意间经历到的身心体验，请你根据自己的实际情况作出合适的回答，并在文后的数字上做上标记。"1"代表几乎没有,"2"代表很少,"3"代表有些少,"4"代表有些多,"5"代表很多,"6"代表几乎总是。

1. 我把功名利禄看得很淡。
2. 我不太在意外界的评价。
3. 我感到自己与世间万物是一样的,仅仅是宇宙的一分子。
4. 我觉得清贫还是富有要顺其自然。
5. 我做事情不会受到那些繁文缛节的束缚。
6. 感觉自己的身体好像不存在了一样。
7. 感到身体变得很轻灵。
8. 感觉自己与周围环境融为一体。
9. 我觉得所有的意识都不存在了。
10. 我完全忘记了时间的概念。
11. 感到世间万物都变得若有若无。
12. 我体验到一种开悟的感觉。
13. 我感到精神无比地逍遥自在。
14. 感到整个世界变得美好、奇妙。

附录 3　正念注意觉知量表(Mindful Attention Awareness Scale,MAAS)

指导语:下面是与您日常生活经验相关的语句,请您根据自身情况作答。"1"代表几乎总是,"2"代表非常频繁,"3"代表有些频繁,"4"代表有些不频繁,"5"代表非常不频繁,"6"代表几乎从不。

1. 我会对正在经历的某些情绪毫无知觉,直到一段时间后才能有所感知。
2. 我会因为粗心大意、注意力不集中或者在想其他事物而弄坏或洒掉东西。

3. 我发现自己很难持续地将注意力集中到正在发生的事情上。

4. 我倾向于快速走到自己要去的地方，而不留意一路上所经历过的事物。

5. 我倾向于不去注意身体上的紧张感或不适感，直到它们真正引起了我的注意。

6. 如果我是第一次得知某人的名字，我几乎马上就会忘记它。

7. 我不太能意识到自己在做什么，身体似乎在无意识地自动运转。

8. 我仓促地完成各项活动，但实际上并未花什么心思。

9. 我会因过于专注于想要达到的目标，而忽略了现在正在为此而做的努力。

10. 我机械地工作或完成任务，但实际上并不知道自己正在做什么。

11. 我发现自己在听别人说话的时候并不认真，因为在那同时我还会做其他事情。

12. 我会先无意识地到某个地方去，然后才会想为什么要去那里。

13. 我发现自己经常沉浸在对过去的回忆和未来的想象之中。

14. 我发现自己做事情注意力不集中。

15. 明明我在吃零食，可是我意识不到自己正在吃。

附录4　安适幸福感（Peace of Mind，POM）

指导语：就一般来说，您在生活中有多大程度感受到一种安适与自在？请针对下列描述，评估您在日常生活中有多大程度经验到这些感受。其中，"1"代表从不，"2"代表很少，"3"代表有时，"4"代表经常，"5"代表总是。

1. 我的内心是轻松自在的。

2. 在生活中我觉得怡然自得。

3. 我的生活给我一种平静安稳的感觉。

4. 我拥有内心的平静与和谐。

5. 要让自己拥有内心的安定感是很困难的。

6. 我的生活能带给我一种安适的感觉。

7. 我的内心感到焦躁不安。

附录 5　特质焦虑量表（Trait Anxiety Inventory，STAI—T）

指导语：下面列出的是一些人们常常用来描述他们自己的陈述，请阅读每一个陈述，然后在右边适当的数字上做上标记，来表示你经常的感觉。没有对或错的回答，不要对任何一个陈述花太多的时间去考虑，但所给的回答应该是你平常所感觉到的。"1"代表几乎没有，"2"代表有些，"3"代表经常，"4"代表几乎总是。

1. 我感到愉快。

2. 我感到神经过敏和不安。

3. 我感到自我满足。

4. 我希望能像别人那样高兴。

5. 我感到我像衰竭了一样。

6. 我感到很宁静。

7. 我是平静的、冷静的、泰然自若的。

8. 我感到困难——堆集起来，因此无法克服。

9. 我过分忧虑一些事，实际这些事无关紧要。

10. 我是高兴的。

11. 我的思想处于混乱状态。

12. 我缺乏自信心。

13. 我感到安全。

14. 我容易作出决断。

15. 我感到不合适。

16. 我是满足的。

17. 一些不重要的思想总是缠绕着我，并打扰我。

18. 我产生的沮丧如此强烈，以致我不能从思想中排除他们。

19. 我是一个镇定的人。

20. 当我考虑我目前的事情和利益时，我就陷入紧张状态。

附录6　自我意识量表（Self—Consciousness Scale，SCS）

指导语：下面是一些描述您自己注意倾向的句子，其中有些比较符合您的情况，有些则不符合。填答时请您看清楚每个句子，然后在后面给出一个评分，以代表该句子的内容与您的实际情况相符合的程度。每个人的注意都有自己的特点，所以答案没有对错之分，只要照实回答就可以了。"0"代表非常不符合，"1"代表有些不符合，"2"代表难以确定，"3"代表有些符合，"4"代表非常符合。

1. 我总是试着去了解我自己。

2. 我在意自己的做事方式。

3. 我一般很少意识到自己。

4. 在新场合中，我需要花力气去克服自己的害羞。

5. 我对自己的反省很多。

6. 我在意如何在别人面前表现我自己。

7. 在我的白日梦里面，我自己常常是主角。

8. 当我工作时，如果有人在看着我，我会觉得很不自在。

9. 我从来不会反省自己。

10. 我很容易觉得尴尬。

11. 我很注意自己的仪容。

12. 跟陌生人交谈对我来说很容易。

13. 我通常会很关心自己的内在感受。

14. 我常常担忧如何给别人一个好印象。

15. 我经常想自己做某些事情的理由。

16. 当我在众人面前说话时，我感到紧张。

17. 我常常注意自己的外表。

18. 我有时候会退一步来反省自己。

19. 我在意别人对我的看法。

20. 我可以实时察觉自己的情绪变化。

21. 我出门前的最后一件事就是照镜子。

22. 当我处理事情时，我知道自己心里是怎么想的。

23. 人数众多的场合会使我紧张。

附录 7　90 项症状清单（Symptom Checklist，SCL—90）（部分摘录）

指导语：仔细阅读每一条，根据自己最近一星期内的感觉，在相应的方格内画一个"√"。必须逐条填写不可遗漏，每一项只能画一个"√"，不能画两个或更多。

条目	无	轻度	中度	偏重	严重
头痛					
神经过敏，心中不踏实					
头脑中有不必要的想法或字句盘旋					
头晕或晕倒					
对异性的兴趣减退					
对旁人责备求全					
感到别人能控制您的思想					
责怪别人制造麻烦					
忘性大					
担心自己的衣饰整齐及仪态的端正					
……					
大叫或摔东西					
害怕会在公共场合晕倒					
感到别人想占您的便宜					
为一些有关性的想法而很苦恼					
您认为应该因为自己的过错而受到惩罚					

条目	无	轻度	中度	偏重	严重
感到要很快把事情做完					
感到自己的身体有严重问题					
从未感到和其他人很亲近					
感到自己有罪					
感到自己的脑子有毛病					

附录 8　正性负性情绪量表（Positive and Negative Affect Scale，PANAS）

指导语：这是一个由 20 个描述不同情感、情绪的词汇组成的量表，请阅读每一个词语并根据您近 1—2 星期的实际情况在相应的数字上做上标记。"1"代表几乎没有，"2"代表比较少，"3"代表中等程度，"4"代表比较多，"5"代表极其多。

1. 感兴趣的

2. 心烦的

3. 精神活力高的

4. 心神不宁的

5. 劲头足的

6. 内疚的

7. 恐惧的

8. 敌意的

9. 热情的

10. 自豪的

11. 易怒的

12. 警觉性高的

13. 害羞的

14. 备受鼓舞的

15. 紧张的
16. 意志坚定的
17. 注意力集中的
18. 坐立不安的
19. 有活力的
20. 害怕的

附录9　生活取向测验（The Life Orientation Test，LOT）

指导语：下面有6条文字，请仔细阅读每一条，把意思弄明白，然后根据与您的实际生活接近程度进行选择，在题项后面的数字上做上标记。"1"代表非常不同意，"2"代表不同意，"3"代表不确定，"4"代表同意，"5"代表非常同意。

1. 在不确定的情况下，我常常期望最好的结果。
2. 我对自己的未来充满希望。
3. 总体来说，我更期望好的事情而不是坏事情发生在我身上。
4. 对我来说，如果事情有出错的可能，那么实际上就会出错。
5. 我从不期望事情会朝我希望的方向发展。
6. 我从不期望好事情会发生在我身上。

参考文献

一 古代典籍

（汉）司马迁：《史记》，中华书局 1959 年版。

（三国）王弼：《老子》（四部要籍注疏丛刊），中华书局 1998 年版。

（晋）郭象注，（唐）成玄英疏：《庄子注疏》，曹础基、黄兰发点校，中华书局 2011 年版。

（南朝）沈约：《二十五史·宋书》卷九十七，上海古籍出版社 1986 年版。

（元）李道纯：《中和集》卷四《性命论》，《道藏》，文物出版社、上海书店、天津古籍出版社 1988 年版，第 4 册。

（明）憨山德清：《庄子内篇注》，中国香港佛经流通处印行 1997 年版。

二 中文专著

安继民、高秀昌、王守国：《道学双峰——老庄思想合论》，河南大学出版社 2001 年版。

陈鼓应：《老子注译及评介》，中华书局 1985 年版。

陈鼓应：《庄子今注今译》，商务印书馆 2007 年版。

崔大华：《道家与中国文化精神》，河南人民出版社 2003 年版。

《道藏》，文物出版社、上海书店、天津古籍出版社 1988 年版。

方东美：《生生之德》，台北：黎明文化事业公司 1979 年版。

冯应琨编：《临床脑电图学》，人民卫生出版社 1980 年版。

冯友兰：《中国哲学史新编》，人民出版社 1998 年版。

冯友兰：《中国哲学史》，中华书局 1984 年版。

戈国龙：《丹道十讲》，中央编译出版社 2010 年版。

郭沫若：《沫若文集》第十卷，人民文学出版社 1959 年版。

郭齐勇编著：《中国哲学史新编》，高等教育出版社 2006 年版。

涵静：《静坐要义》，陕西人民出版社 1989 年版。

韩林合：《虚己以游世——庄子哲学研究》，北京大学出版社 2006
年版。

胡孚琛：《丹道法诀十二讲》，社会科学文献出版社 2009 年版。

胡孚琛、吕锡琛：《道学通论——道家·道教·丹道》，社会科学文献
出版社 2004 年版。

胡孚琛主编：《中华道教大辞典》，中国社会科学出版社 1996 年版。

姜义华主编：《胡适学术文集中国佛学史》，中华书局 1997 年版。

李远国：《道教气功养生学》，巴蜀书社 1987 年版。

李泽厚：《中国思想史论》（上），安徽文艺出版社 1999 年版。

刘天君主编：《中医气功学》，人民卫生出版社 1999 年版。

鲁迅：《鲁迅全集》第九卷，人民文学出版社 1958 年版。

蒙培元：《情感与理性》，中国社会科学出版社 2002 年版。

闵智亭、李养正编：《道教大辞典》，华夏出版社 1994 年版。

南怀瑾：《楞严大义今释》，北京师范大学出版社 1993 年版。

彭冉龄主编：《普通心理学》，北京师范大学出版社 2001 年版。

卿希泰：《道教与中国传统文化》，福建人民出版社 1990 年版。

任继愈主编：《中国道教史》，中国社会科学出版社 2001 年版。

汤一介：《佛教与中国文化》，宗教文化出版社 1999 年版。

唐君毅：《中国哲学原论：导论篇》，台北：台湾学生书局 1986 年版。

陶熊、张朝卿、金冠等编：《气功精选》，人民体育出版社 1981 年版。

汪向东等编：《心理卫生评定量表手册》（增订版），中国心理卫生杂
志社 1999 年版。

王博：《庄子哲学》，北京大学出版社 2004 年版。

王极盛：《中国气功心理学》，中国社会科学出版社 1989 年版。

王沐：《内丹养生功法指要》，中华书局 2008 年版。

王沐：《悟真篇浅解》，中华书局 1990 年版。

王西平、吕峻峡：《静坐法诀汇要》，内蒙古人民出版社 1992 年版。

王云五主编：《丛书集成初编》，中华书局 1985 年版，第 573 册。

吴明隆：《问卷统计分析事务——SPSS 操作与应用》，重庆大学出版社 2010 年版。

萧登福：《道教与佛教》，台北：东大图书公司 2013 年版。

徐复观：《中国人性论史：先秦篇》，台北：台湾商务印书馆 1969 年版。

许地山：《道教史》，江苏文艺出版社 2008 年版。

杨柏龙主编：《气功标准教材》，北京体育大学出版社 2009 年版。

杨治良主编：《简明心理学辞典》，上海辞书出版社 2007 年版。

杨中芳、高尚仁：《中国人·中国心——人格与社会篇》，台北：远流出版公司 1991 年版。

杨中芳：《如何研究中国人：心理学本土化论文集》，台北：桂冠图书股份有限公司 1997 年版。

叶秀山：《叶秀山先生序》，载胡孚琛、吕锡琛《道学通论——道家·道教·丹道》，社会科学文献出版社 2004 年版。

张继禹主编：《中华道藏》，华夏出版社 2004 年版。

张默生注译：《庄子新释》，齐鲁书社 1993 年版。

张松如、陈鼓应、赵明等：《老庄论集》，齐鲁书社 1987 年版。

张作记主编：《中国行为医学科学（行为医学量表手册)》，中华医学电子音像出版社 2005 年版。

赵继承编：《王松龄气功养生法》，沈阳出版社 1991 年版。

郑延平：《生物反馈的临床实践》，高等教育出版社 2003 年版。

周仁来主编：《心理学经典实验案例》，北京师范大学出版社 2013 年版。

三　中文论文

柏阳等：《中国人的内隐辩证自我：基于内隐联想测验（IAT）的测量》，《心理科学进展》2014 年第 3 期。

北戴河气功疗养院：《周元功生理指标变化的观察》，《气功杂志》1986 年第 5 期。

毕新：《认知控制加工中的具身效应：来自 STROOP 变式实验的证

据》，博士学位论文，苏州大学，2015 年。

蔡华俭：《内隐自尊的作用机制及特性研究》，博士学位论文，华东师
　　范大学，2002 年。

常大群：《清净家风：王重阳与七真的丹法关要》，《道教研究》2009
　　年第 1 期。

陈鼓应：《论道家在中国哲学史上的主干地位——兼论道、儒、墨、
　　法多元互补》，《哲学研究》1990 年第 1 期。

陈继华等：《基于多生理信号的情绪初步识别》，《生物医学工程研
　　究》2006 年第 3 期。

陈进：《多维内隐自我概念的特性与应用研究》，博士学位论文，华东
　　师范大学，2013 年。

陈林群：《心斋、坐忘、逍遥与精神排毒》，《名作欣赏》2009 年第
　　6 期。

陈少明：《自我、他人与世界——庄子〈齐物论〉主题的解读》，《学
　　术月刊》2002 年第 1 期。

陈思佚、崔红、周仁来等：《正念注意觉知量表（MAAS）的修订及
　　信效度检验》，《中国临床心理学杂志》2012 年第 2 期。

陈霞：《"相忘"与"自适"——论庄子之"忘"》，《哲学研究》
　　2012 年第 8 期。

邓丽芳：《近 10 年来中国飞行员心理健康状况的元分析》，《心理科
　　学》2013 年第 1 期。

丁贻庄：《从〈参同契〉到〈悟真篇〉》，《社会科学研究》1989 年第
　　2 期。

董晨杰等：《目标导向——习惯学习系统的神经机制》，《心理科学进
　　展》2018 年第 4 期。

董英、赵耐青：《重复测量资料方差分析中主效应意义的探讨》，《复
　　旦学报》（医学版）2005 年第 6 期。

杜田丽：《自我弹性的研究：理论与实证》，硕士学位论文，苏州大
　　学，2015 年。

俸晓东、吴明普：《体能类和技能类项群运动员"高原现象"的初步
　　研究》，《中国体育科技》1992 年第 1 期。

高承海、万明刚：《内隐理论影响社会认同》，《中国社会科学报》2018 年 9 月 5 日第 P006 版。

顾瑛琦：《正念的去自动化心理机制及其临床干预效果研究》，博士学位论文，华东师范大学，2018 年。

郭永玉：《静修与心理健康》，《南京师大学报》（社会科学版）2002年第 5 期。

郭友军：《气功对人类应激反应的影响》，硕士学位论文，中国科学院心理研究所，1989 年。

郭智勇：《逍遥的三个层次——试论〈庄子〉内篇的结构》，《广西社会科学》2006 年第 2 期。

贺兰森：《正念训练对去自动化的影响——基于 Stroop 任务的探讨》，硕士学位论文，北京理工大学，2015 年。

胡咏梅：《对评分者信度检验中零假设的更正》，《学科教育》2001 年第 11 期。

黄孔良、杨金仓、赵唯凯：《气科学跨领域研究回顾——身心灵生命整体多相结构初探》，《中医内科医学杂志》2011 年第 1 期。

黄丽等：《正性负性情绪量表的中国人群适用性研究》，《中国心理卫生杂志》2003 年第 1 期。

贾磊等：《刻板印象的认知神经机制》，《心理科学进展》2010 年第 12 期。

江西省气功研究课题组：《真气运行法的实验研究》，《气功杂志》1986 年第 5 期。

金华等：《中国正常人 SCL—90 评定结果的初步分析》，《中国神经精神疾病杂志》1996 年第 5 期。

李昳等：《自我关注与社交焦虑：负面评价恐惧的中介与关系型自我构念的调节》，《心理科学》2018 年第 5 期。

李金玉：《静息状态下大脑功能成像的研究进展》，《中外医学研究》2010 年第 21 期。

李莉等：《迷走神经兴奋对 HRV 的影响及其机制的初步分析》，《中国应用生理学杂志》1997 年第 3 期。

李树军、张鲁宁：《庄子“心斋”、“坐忘”思想与超个人心理学比较研究》，《河南社会科学》2011 年第 1 期。

李天然等：《自我抽离：一种适应性的自我反省视角》，《心理科学进展》2015 年第 6 期。

李小青、朱慧勤：《近年来日本气功科学研究的近况》，《国外医学中医中药分册》2003 年第 5 期。

李雪冰、罗跃嘉：《情绪和记忆的相互作用》，《心理科学进展》2007 年第 1 期。

廖翌凯等：《内隐自我与心理健康》，《西南大学学报》（社会科学版）2008 年第 6 期。

刘恒、张建新：《我国中学生症状自评量表（SCL—90）评定结果分析》，《中国心理卫生杂志》2004 年第 2 期。

刘丽丽、齐向华：《五种心理紊乱状态的辨证》，《山东中医药大学学报》2015 年第 4 期。

刘笑敢：《“反向格义”与中国哲学研究的困境思想史研究》，《南京大学学报》2006 年第 2 期。

刘艳：《关于“心理健康”的概念辨析》，《教育研究与实验》1996 年第 3 期。

刘烨等：《5 种基本情绪的心肺系统生理反应模式》，《计算机研究与发展》2016 年第 3 期。

卢川、郭斯萍：《国外精神性研究述评》，《心理科学》2014 年第 2 期。

吕锡琛：《道学与西方心理治疗学的互动及其意义》，《哲学研究》2009 年第 2 期。

吕小康：《中国心理学的本土化：源起、流变与展望》，《南开学报》（哲学社会科学版）2014 年第 6 期。

吕有祥：《佛、道“有无”观略辨》，《佛学研究》2007 年第 1 期。

罗安宪：《庄子“吾丧我”义解》，《哲学研究》2013 年第 6 期。

罗贤、蒋柯：《超个人心理学的自我及心理健康观》，《中国社会科学报》2017 年 9 月 11 日第 P006 版。

马蔼乃：《大脑脑能与创造力的探索》，《系统辩证学学报》2004 年第 1 期。

马方圆等:《大学新生自我意识及心理健康水平调查研究》,《航空航天医学杂志》2014 年第 7 期。

毛华配、童辉杰:《"忘"的心理学:道家自我的解构与超越》,《中国社会科学报》2018 年 6 月 26 日第 P002 版。

孟周:《庄子体道次第思想简述》,《国学论衡》2007 年第四辑。

聂聘等:《基于脑电的情绪识别研究综述》,《中国生物医学工程学报》2012 年第 4 期。

潘显一:《"虚静""逍遥""玄德":道教美学情趣论》,《社会科学研究》1997 年第 3 期。

皮朝纲、刘方:《忘——即自的超越》,《西南民族学院学报》(哲学社会科学版)1999 年第 6 期。

钱秀莹、李传:《Stroop 效应及其脑机制研究概述》,《心理学探新》2003 年第 3 期。

权朝鲁:《效果量的意义及测定方法》,《心理学探新》2003 年第 2 期。

任俊、黄璐、张振新:《基于心理学视域的冥想研究》,《心理科学进展》2010 年第 5 期。

申俊龙、王秋菊、魏鲁霞:《道教内丹术的现代生命价值》,《南京中医药大学学报》(社会科学版)2004 年第 3 期。

沈维华:《庄子之"忘"探析》,《彰化师大国文学志》2013 年第 26 期。

孙圣涛、卢家楣:《自我意识及其研究概述》,《心理学探新》2000 年第 1 期。

佟丽娜等:《基于多路 s EMG 时序分析的人体运动模式识别方法》,《自动化学报》2014 年第 5 期。

童辉杰等:《坐忘、正念、冥想治疗焦虑的心理与脑电变化研究》,《医学与哲学》2017 年第 9B 期。

童辉杰等:《坐忘对心理症状的干预效果及脑机制研究》,《中国特殊教育》2017 年第 9 期。

童辉杰:《心理健康风格问卷的编制及双构念假设检验》,《中国心理卫生杂志》2010 年第 6 期。

童辉杰:《抑郁与忘我体验》,《神经疾病与精神卫生》2001 年第 1 期。

童辉杰:《中国传统文化中的自我意识》,《心理科学》2000 年第 4 期。

童辉杰:《中国心理学的困境:中国文化的救赎》,《心理技术与应用》2015 年第 1 期。

庹焱:《心律变异性研究进展》,《国外医学》(生理、病理科学与临床分册)2001 年第 4 期。

汪芬、宇霞:《正念的心理和脑机制》,《心理科学进展》2011 年第 11 期。

王大妹:《庄子的"万物齐一"观及其心理保健意义》,《南京中医药大学学报》(社会科学版)2010 年第 4 期。

王光平等:《脑电 α 波及 α/θ 波反馈训练在临床和心理保健中的研究与应用》,《中国现代医学杂志》2011 年第 5 期。

王记录:《魏晋南北朝时期隐士素质分析》,《殷都学刊》2000 年第 1 期。

王李艳等:《视觉选择性注意中性别差异的眼动研究》,《心理科学》2010 年第 2 期。

王生平:《试析庄子之"忘"》,《甘肃社会科学》1992 年第 1 期。

王彤等:《肌电生物反馈用于气功入静的可行性研究》,《中华理疗杂志》1995 年第 1 期。

王岩等:《正念训练的去自动化效应:Stroop 和前瞻记忆任务证据》,《心理学报》2012 年第 9 期。

王征宇:《症状自评量表(SCL—90)》,《上海精神医学》1984 年第 2 期。

魏玉龙:《坐忘态的脑电特异性》,中国针灸学会年会大会论文集 2011 年,第 5 册。

温娟娟等:《国外乐观研究评述》,《心理科学进展》2007 年第 1 期。

谢世平等:《气功所致精神障碍的临床研究》,《中国心理卫生杂志》2000 年第 6 期。

谢世平等:《气功态的心理调查》,《中国临床心理学杂志》1999 年第

4 期。

辛自强等：《大学生心理健康变迁的横断历史研究》，《心理学报》2012 年第 5 期。

杨福程：《论气功的起源》，《体育文化导刊》1986 年第 6 期。

叶秀山：《说"人相忘乎道术"》，《读书》1995 年第 3 期。

袁蒋伟等：《脑电波的统计特性》，《浙江大学学报》（理学版）2007 年第 1 期。

曾红：《试论心理学所面临的挑战及其发展方向》，《山西大学师范学院学报》（社会科学版）2001 年第 3 期。

张广保：《原始道家的道论与心性论》，《中国哲学史》2000 年第 1 期。

张广保：《中国传统文化的独特结构——儒释道互补互融》，《中国宗教》2015 年第 1 期。

张宏如：《庄子心理健康思想探析》，《社会心理科学》2002 年第 3 期。

张倩、罗非：《θ 波与突触传递的长时程改变》，《生理科学进展》2004 年第 4 期。

张艳平：《大学新生自我意识与心理健康——基于自画像分析》，《社会心理科学》2015 年第 8—9 期。

章德林：《调息静坐养生历史发展及文献研究》，博士学位论文，南京中医药大学，2013 年。

赵必华、顾海根：《心理量表编制中的若干问题及题解》，《心理科学》2010 年第 6 期。

赵宏德：《〈逍遥游〉的"道遥"境界解读》，《古籍整理研究学刊》2012 年第 5 期。

赵庙祥：《从"吾丧我"和"道"看庄子"齐物"》，《江淮论坛》2009 年第 6 期。

赵小虎、王培军、唐孝威：《静息状态脑活动及其脑功能成像》，《自然科学进展》2005 年第 10 期。

浙江省中医药研究所、浙江省中医院、杭州市湖墅地段医院：《周天命门功治疗恶性肿瘤实验观察》，《气功杂志》1986 年第 3 期。

朱韬,《唐代道教"坐忘"思想研究》, 硕士学位论文, 西北大学, 2014 年。

朱越利:《〈坐忘论〉作者考》,《炎黄文化研究》2000 年第 7 期。

四　中文译著

[奥] 弗兰克尔:《追寻生命的意义》, 何忠强、杨凤池译, 新华出版社 2003 年版。

[德] 卫礼贤、[瑞士] 荣格:《金花的秘密:〈太乙金华宗旨〉〈慧命经〉原文及其英译》, 邓小松译, 中央编译出版社 2016 年版。

[美] 马斯洛:《存在心理学探索》, 李文湉译, 云南人民出版社 1988 年版。

[美] 史华兹:《古代中国的思想世界》, 程钢译, 江苏人民出版社 2004 年版。

[日] 中野达、牛中奇:《〈庄子〉郭象注中的坐忘》,《宗教学研究》1991 年第 1 期。

[苏联] 斯米尔诺夫、鲁利亚:《心理学的自然科学基础》, 李冀鹏、魏明庠译, 科学出版社 1984 年版。

[英] 葛瑞汉:《论道者》, 张海晏译, 中国社会科学出版社 2003 年版。

[英] 李约瑟:《中国科学技术史》第二卷, 科学出版社 1990 年版。

五　外文文献

Abramson, L. Y., et al., "Learned helplessness in humans: critique and reformulation ", *Journal of Abnormal Psychology*, Vol. 87, No. 1, 1978.

Adam, M., et al., "Regular, brief mindfulness meditation practice improves electrophysiological markers of attentional control", *Frontiers Human Neuroscience*, Vol. 6, 2012.

Adorni, R. and Proverbio, A. M., "New insights into name category – relate effects: is the age of acquisition a possible factor?", *Behav. Brain Funct.*, Vol. 5, No. 33, 2009.

Anderson, N. D., et al., "Mindfulness based stress reduction and attentional control", *Clinical Psychology & Psychotherapy*, Vol. 14, No. 6, 2007.

Aspinwall, L. G. and Brunhart, S. M., "Distinguishing optimism from denial: Optimistic beliefs predict attention to health threats", *Personality and Social Psychology Bulletin*, Vol. 22, No. 10, 1996.

Baer, R. A., "Mindfulness training as a clinical intervention: A conceptual and empirical review", *Clinical Psychology: Science and Practice*, Vol. 10, 2003.

Baudson, T. G., et al., "More than only skin deep: Appearance self – concept predicts most of secondary school students' self – esteem", *Frontiers in Psychology*, Vol. 7, 2016.

Bautista, C. L. and Hope, D. A., "Fear of negative evaluation, social anxiety and response to positive and negative online social cues", *Cognitive Therapy and Research*, Vol. 39, No. 5, 2015.

Biolcati, R., "The role of self – esteem and fear of negative evaluation in compulsive buying", *Frontiers in Psychiatry*, Vol. 8, No. 74, 2017.

Botvinick, M. M., et al., "Conflict monitoring and cognitive control", *Psychol Rev.*, Vol. 108, No. 3, 2001.

Braver, T. S., et al., "Flexible neural mechanisms of cognitive control within human prefrontal cortex", *Proceedings of the National Academy of Sciences*, Vol. 106, No. 18, 2009.

Brensilver, M., "Letter to the Editor: Response to 'A systematic review of neurobiological and clinical features of mindfulness meditations'", *Psychological Medicine*, Vol. 41, No. 3, 2011.

Brown, K. W. and Ryan R. M., "The benefits of being present: Mind – fulness and its role in psychological well – being", *Journal of Personality and Social Psychology*, Vol. 84, No. 4, 2003.

Cahn, B. R. and Polich, J., "Meditation states and traits: EEG, ERP, and neuroimaging studies", *Psychol. Bull*, Vol. 132, No. 2, 2006.

Cahn, B. R. Delorme, A. and Polich, J., "Occipital gamma activation during Vipassana meditation ", *Cognitive Processing*, Vol. 11, No. 1, 2010.

Chan, D. and Woollacott, M. , "Effect of level of meditation experience on attentional focus: is the efficiency of executive or orientation networks improved?", *J. Altern. Complement. Med*, Vol. 13, No. 6, 2007.

Chorpita, B. F. and Barlow, D. H. , "The development of anxiety: The role of control in the early environment", *Psychological Bulletin*, Vol. 124, No. 1, 1998.

Chu, J. U. , et al. , "A supervised feature – projection – based real – time EMG pattern recognition for multifunction myoelectric hand control", *IEEE/ASME Transactions on Mechatronics*, Vol. 12, No. 3, 2007.

Chung – Hwan Chen, "What does Lao – tzuMean by the Term 'Tao'?", *Tsinghua Science and Technology (Chinese Taipei)*, Vol. 4, No. 2, 1964.

David, W. , Lee, A. C. and Auke T. , "Development and Validation of Brief Measures of Positive and Negative Affect: The PANAS Scales", *Journal of Personality and Social Psychology*, Vol. 54, No. 6, 1988.

Deikman, A. J. , "A functional approach to mysticism", *Journal of Consciousness Studies*, Vol. 7, No. 11 – 12, 2000.

Derogatis, L. R. , "How to use the system distress checklist (SCL—90) in clinical evaluations, psychiatric rating scale", in Derogatis, R. L. , eds. *Self – Report Rating Scale*, Hoffmann – La Roche Inc, 1975.

Donald, J. , et al. , "Comparison of attention training and cognitive therapy in the treatment of social phobia: A preliminary investigation", *Behavioural and Cognitive Psychotherapy*, Vol. 42, No. 1, 2014.

Edwards, L. , "Biofeedback, Meditation, and Mindfulness", *Biofeedback*, Vol. 39, No. 2, 2011.

Farina, D. , et al. , "The extraction of neural strategies from the surface EMG", *Journal of Applied Physiology*, Vol. 96, No. 4, 2004.

Fenigstein, A. , et al. , "Public and private self – consciousness: Assessment and theory", *Journal of consulting and Clinical Psychology*,

Vo. 43, No. 4, 1975.

Fenigstein, A., "Self – consciousness, self – attention, and social interaction", *Journal of Personality and Social Psychology*, Vol. 37, No. 1, 1979.

Folstein, J. R. and van Petten, C., "Influence of cognitive control and mismatch on the N2 component of the ERP: a review", *Psychophysiology*, Vol. 45, No. 1, 2008.

Forsyth, J. P., et al., "Anxiety sensitivity, controllability, and experiential avoidance and their relation to drug of choice and addiction severity in a residential sample of substance – abusing veterans", *Addictive Behaviors*, Vol. 28, No. 5, 2003.

Greenwald, A. G., et al., "Is self – esteem a central ingredient of the self – concept?", *Personality and Social Psychology Bulletin*, Vol. 14, No. 1, 1988.

Greenwald, A. G. and Farham, S. D., "Using the implicit association test to measure self – esteem and self – concept", *Journal of Personality and Social Psychology*, Vol. 79, No. 6, 2000.

Gross, J. J., "The emerging field of emotion regulation: an integrative review", *Review of General Psychology*, Vol. 2, No. 3, 1998.

Jha, A. P., et al., "Mindfulness training modifies subsystems of attention", Cogn., *Affect. Behav. Neurosci.*, Vol. 7, No. 2, 2007.

Junghans – Rutelonis, A. N., Tackett, A. P., Suorsa, K. I., et al., "Asthma – specific cognitions, self – focused attention, and fear of negative evaluation in adolescents and young adults diagnosed with childhood – onset asthma", *Psychology Health and Medicine*, Vol. 23, No. 1, 2018.

Kabat – Zinn, J., "An outpatient program in behavioral medicine for chronic painpatients based on the practice of mindfulness meditation: Theoretical considerations and preliminary results", *General Hospital Psychiatry*, Vol. 4, No. 1, 1982.

Kabat – Zinn, J., *Full catastrophe living: Using the wisdom of your body and mind to face stress*, *pain and illness*, New York: Delacourt, 1990.

Kiefer, M. and Martens U. , "Attentional sensitization of unconscious cognition: task sets modulate subsequent masked semantic priming", *J. Experimental Psychology*: *General*, Vol. 139, No. 3, 2010.

Kross, E. , et al. , " 'Asking why' from a distance: Its cognitive and emotional consequences for people with major depressive disorder", *Journal of Abnormal Psychology*, Vol. 121, No. 3, 2012.

Lan, L. , Ji – hua, C. , "Emotion Recognition Using Physiological Signals", *Advances in Artificial Reality and Tele – Existence*, Vol. 4282, 2006.

Lindsay, D. S. and Jacoby, L. L. , "Stroop process dissociations: The relationship between facilitation and interference", *Journal of Experimental Psychology*: *Human Perception and Performance*, Vol. 20, No. 2, 1994.

Liotti, M. , Woldorff, M. G. , Perez, R. , et al. , "An ERP study of the temporal course of the Stroop color – word interference effect", *Neuropsychologia*, Vol. 38, No. 5, 2000.

Luthans, F. , Youssef, C. M. , "Human, social, and now positive psychological capital management: Investing in people for competitive advantage", *Organizational Dynamics*, Vol. 33, No. 2, 2004.

L. , Yi – Chen, Yi – Cheng, L. , Chin – Lan, H. , et al. , "The construct and measurement of peace of mind", *J. Happiness Stud*, Vol. 14, No. 2, 2013.

Macleod, C. M. and Dunbar, K. , "Training and Stroop – like interference: evidence for a continuum of automaticity", *J. Exp Psychol Learn Mem Cogn*, Vol. 14, No. 1, 1988.

Macleod, C. M. , "Half a century of research on the Stroop effect: an integrative review", *Psychol Bull*, Vol. 109, No. 2, 1991.

Mead, G. H. , "Meditation (Vipassana) and the P3 a event – related brain potential", *Int. J. Psychophysiol*, Vol. 72, No1, 2009.

Mead, G. H. , *Mind*, *Self*, *and Society*, Chicago: University of Chicago

Press, 1934.

Melara, R. D. and Mounts, J. R. , "Mindfulness – based interventions in context: Past, present, and future", *Clinical Psychology: Science and Practice*, Vol. 10, No. 2, 2006.

Melara, R. D. and Mounts, J. R. , "Selective attention to Stroop dimensions: effects of baseline discriminability, response mode, and practice", *Mem Cognit*, Vol. 21, No. 5, 1993.

Moore, A. , and Malinowski, P. , "Meditation, mindfulness and cognitive flexibility", *Conscious Cogn*, Vol. 18, No. 1, 2009.

Moors, A. , DeHouwer J. , "Automaticity: A theoretical and conceptual analysis", *Psychological Bulletin*, Vol. 132, No. 2, 2006.

Moskowitz, G. B. and Li, P. , "Egalitarian goals trigger stereotype inhibition: A proactive form of stereotype control", *Journal of Experimental Social Psychology*, Vol. 47, No. 1, 2011.

Nam, Y. , et al. , Cichocki, A. , et al. , "GOM – face: GKP, EOG, and EMG – based multimodal interface with application to humanoid robot control", *IEEE Transactions on Biomedical Engineering*, Vol. 61, No. 2, 2014.

Neumann, O. , "Direct parameter specification and the concept of perception", *Psychological Research*, No. 52, 1990.

Ngeo, J. G. , et al. , "Continuous and simultaneous estimation of finger kinematics using inputs from an EMG – to – muscle activation model", *Journal of Neuro Engi – neering and Rehabilitation*, No. 11, 2014.

Nolen – Hoeksema, et al. , "Rethinking rumination", *Perspectives on Psychological Science*, Vol. 3, No. 5, 2008.

Ospina, M. B. , Bond, K. , Karkhaneh, M. , et al. , "Clinical Trials of Meditation Practices in Health Care: Characteristics and Quality", *The Journal of alternative and complementary medicine*, Vol. 14, No. 10, 2008.

Pagnoni, G. and Cekic, M. , "Age effects on gray matter volume and attentional performance in Zen meditation", *Neurobiology of Aging*,

Vol. 28, No. 10, 2007.

Pennebaker, J. W. and Graybeal, A., "Patterns of natural language use: Disclosure, personality, and social integration", *Current Directions in Psychological Science*, Vol. 10, No. 3, 2001.

Polezzi, D., et al., "Brain correlates of risky decision – making", *Neuro Image*, Vol. 49, No. 2, 2010.

Polich, J., "Updating P300: an integrative theory of P3a and P3b", *Clin. Neurophysiol*, Vol. 118, No. 10, 2007.

Polk, T. A., et al., "Attention enhances the neural processing of relevant features and suppresses the processing of irrelevant features in humans: a functional magnetic resonance imaging study of the Stroop task", *J. Neurosci*, Vol. 28, No. 51, 2008.

Posner, M. I., Snyder, C. R. R., "Attention and cognitive control", in Solso R. L. ed., *Information Processing and Cognition: the Loyola Symposium*, Hillsdale: Erlbaum, 1975.

Radel, R., et al., "Subliminal priming of motivational orientation in educational settings: Effect on academic performance moderated by mindfulness", *Journal of Research in Personality*, Vol. 43, No. 4, 2009.

Rainville, P., et al., "Basic emotions are associated with distinct patterns of cardiorespiratory activity", *International Journal of Psychophysiology*, Vol. 61, No. 1, 2006.

Raz, A., et al., "Suggestion overrides the Stroop effect in highly hypnotizable individuals", *Consciousness and Cognition*, Vol. 16, No. 2, 2007.

Scheier, M., Carver, C. and Bridges, M., "Distinguishing optimism from neuroticism (and trait anxiety, self – mastery and self – esteem): a re – evaluation of the Life Orientation Test", *Journal of Personality and Social Psychology*, Vol. 67, No. 6, 1994.

Scheier, M. F., Weintraub, J. K. and Carver, C. S., "Coping with stess: Divergent strategies of optimists and pessimists", *Journal of Personality and Social Psychology*, Vol. 51, No. 6, 1986.

Schendan, H. E. and Kutas M. , "Neurophysiological evidence for two pro-
cessing times for visual object identification", *Neuropsychologia*,
Vol. 40, No. 7, 2002.

Schendan, H. E. and Stern C. E. , "Mental rotation and object categoriza-
tion share a common network of prefrontal and dorsal and ventral regions
of posterior cortex", *Neuroimage*, Vol. 35, No. 3, 2007.

Schwartz, G. E. , et al. , "Lateralized facial muscle response to positive
and negative emotional stimuli", *Psychophysiology*, Vol. 16,
No. 6, 1979.

Segal, Z. , et al. , *Mindfulness – based cognitive therapy for depression: A
new approach to preventing relapse*, New York: Guilford Press, 2002.

Segerstrom, S. C. , Taylor, S. E. , Kemeny, M. E. , et al. , "Optimism
is associated with mood, coping, and immune change in response to
stress", *Journal of Personality and Social Psychology*, Vol. 74, No. 6,
1998.

Selimbegović, L. and Chatard, A. , "The mirror effect: Self – awareness
alone increases suicide thought accessibility", *Consciousness and Cogni-
tion*, Vol. 22, No. 3, 2013.

Sinclair, L. and Kunda, Z. , "Reactions to a black professional: motiva-
ted inhibition and activation of conflicting stereotypes", *Journal of Per-
sonality and Social Psychology*, Vol. 77, No. 5, 1999.

Slagter H. A. , et al. , "Mental training as a tool in the neuroscientific
study of brain and cognitive plasticity", *Front. Hum. Neurosci*, Vol. 5,
No. 17, 2011.

Slagter H. A. , et al. , "Mental training affects distribution of limited brain
resources", *PLoS Biol*, Vol. 5, No. 6, 2007.

Smith, J. M. and Alloy, L. B. , "A roadmap to rumination: a review of
the definition, assessment, and conceptualization of this multifaceted
construct", *Clinical Psychology Review*, Vol. 29, No. 2, 2009.

Soutschek, A. , et al. , "Dissociable effects of motivation and expectancy
on conflict processing: An fMRI Study", *Journal of Cognitive Neuro-*

science, Vol. 27, No. 2, 2015.

Steven, J. S. , Steven, F. , Connie, T. W. , et al. , "Automatic activation of stereotypes: The role of self – image threat", *Personality and Social Psychology Bulletin*, Vol. 24, No. 11, 1998.

Stroop, J. R. , "Studies of interference in serial verbal reactions", *J. Exp Psychol*, Vol. 18, No. 6, 1935.

Wieklund, R. A. and Dual, S. , "Opinion change and performance faciliation as a result of objective self – awareness", *Journal of Experimental Social Psychology*, Vol. 7, No. 3, 1971.

Wilson, T. D. and Gilbert, D. T. , "Explaining away: A model of affective adaptation", *Perspectives on Psychological Science*, Vol. 3, No. 5, 2008.

后　记

本书是在我的博士学位论文基础上修改而成的。本人长期从事心理咨询的相关工作，因此对心理治疗理论与技术的本土化问题比较关注。恰逢我的博士导师钟爱传统文化，因此毕业设计就选择道家忘我这个命题来研究，旨在为转化与发展本土心理治疗作些前期理论探索。不过，道家文化博雅精深，纵然毕我一生之功亦恐难窥一二。所以，这几年来我一直在努力学习道藏经典、体验各种修炼功法以及走访道家名士，想通过此举弥补一些自身知识系统的不足。可是，要想在短时间内对道家哲学思想和身心炼养方式有一定的理解并进行融通实在不易。自感花在此处的时间颇多，但存在的问题还是不少，因此研究进程非常缓慢。原本想把道家忘我的临床治疗理论与实践部分也融入进来，但最终觉得体系过于庞杂而放弃，只好留待今后完成。

这本小书的出版，虽非尽善尽美，也算了了最初的研究构想。回想整个研究过程，尽管一路荆棘，但终究承蒙各方贵人相助，才有今日之小成。付梓之际，内心充满感激。首先要感谢我的博士导师童辉杰教授。童老师注重传统文化的心理学价值，强调中西融合、学以致用，在我攻读博士学位期间给予充分的学术自由与鼓励，使我在研究上少了许多束缚。其次要感谢浙江大学郑全全教授、华东师范大学段锦云教授、苏州大学傅文清教授，几位老师给我提了不少建议，使我获益匪浅。

研究的完成，还离不开诸位高道大德的点拨。其中有中国台湾地区北宗龙门派传人来静师父、台湾文化大学陈锡勇教授、台湾辅仁大学庄宏谊教授、台北大学赖贤宗教授、台湾地区中华道教联合会副主席伍宗文博士，台湾花莲保安宫简梅香道长、浙江温州紫霄观陈崇杰道长、浙江南雁仙姑洞周中青道长、浙江瓯海白云观邱崇桂道长、浙江平阳东岳观吴崇悦道长、浙江苍南燕窠洞李信仙道长、浙江永嘉天然道观李延丰道长、浙江乐清城隍庙李尧方道长、浙江乐清青云观潘科名道长、浙江雁荡北斗洞陈崇武道长、浙江乐清道协徐道明道长、广东惠州冲虚观黄信振道长，浙江工贸学院俞美玉教授、白云深处人家公益网站蒋门马先生、浙江温州武氏太极拳研究会王小伦先生、浙江瑞安教师发展中心的杨远老师。感谢你们在访谈、交流中对于道论、修炼技术的分享。还有中南大学吕锡琛教授、台湾文化大学谢达辉教授、慈善家何纪豪先生，温州民宗局的诸位领导，你们热心地帮助我联系相关道家清修人士，在此深表感谢！

这里要特别感谢几位好友，他们是廖传景教授、黄成毅博士、周强博士、王中会教授、李小志教授、疏德明博士和徐华炳博士。他们给了我很多无私的帮助和关怀，使我在清苦的研究工作中保持着理智和乐观。

感谢温州医科大学附属康宁医院叶敏捷副院长在生物反馈实验中提供的帮助。感谢南方科技大学的马俊军博士，北方民族大学的赵郝锐博士，温州大学的余如英、陈铎老师以及台州学院的张樱樱老师，谢谢他们在百忙中帮我组织问卷调查。同时，感谢所有参与访谈和调查的每一位学生和修道者，他们的积极参与使我的研究得以顺利完成。陈嘉、巩彦平、杨惠、黄小龙、王文超、贺成成、林婉清、邵丹、季策、董静静、伍雨萌、林逸轩、夏雨恬、汪芯羽、朱芳炜、李孟尧等同学，还有一些未具名的同学，感谢他们在实验组织工作以及数据整理中作出的贡献。

感谢中国社会科学出版社的郝玉明博士，她为这本小书的出版提供了很大的支持，并提出了不少建设性的意见。

最后，我要感谢我的家人。这些年我只顾自己埋头研究，家中诸事少有顾及。每每想起，自觉亏欠甚多。唯有今后努力工作，尽心尽责。在此，我要说声：我爱你们，我的亲人！

毛华配

二〇二〇年秋